AF502179

RECHERCHES

SUR

LA VIE ET LES OUVRAGES

DE

JACQUES CALLOT

I

Nancy, imprimerie de veuve Raybois et Comp.

RECHERCHES

SUR

LA VIE ET LES OUVRAGES

DE

JACQUES CALLOT

SUITE AU PEINTRE-GRAVEUR FRANÇAIS DE M. ROBERT-DUMESNIL

PAR

EDOUARD MEAUME

MEMBRE DE L'ACADÉMIE DE STANISLAS ET DE PLUSIEURS SOCIÉTÉS SAVANTES
CHEVALIER DE LA LÉGION D'HONNEUR.

Des monographies étudiées avec soin sont le moyen le plus sûr pour faire faire à l'histoire de véritables progrès.

M. Guizot.

I

PARIS

Vᵉ JULES RENOUARD, LIBRAIRE

6, Rue de Tournon, 6

MDCCCLX

AVERTISSEMENT.

Notre ouvrage est divisé en trois parties :

La première partie contient la Biographie de Callot, suivie de nombreuses notes et pièces justificatives.

La seconde partie se compose du Catalogue de l'œuvre de Callot réduit aux morceaux authentiques. Ce Catalogue est précédé d'une Introduction contenant des détails étendus sur les planches de Callot et les moyens de reconnaître leurs *états*. On attache, avec raison, une grande importance à ces titres de noblesse des épreuves et nous avons donné toutes les indications propres à les faire reconnaître. — Cette Introduction est suivie de plusieurs documents relatifs aux planches, et notamment d'une liste chronologique présentant, année par année, les travaux de l'artiste ; de telle sorte qu'en classant les ouvrages du maître, dans l'ordre indiqué par cette liste, on peut suivre ses progrès depuis ses débuts jusqu'à sa mort.

La troisième partie, divisée en cinq sections, comprend :

1° Les pièces douteuses ;

2° Les pièces faussement attribuées à Callot par Gersaint, Regnault-Delalande et autres.

3° Les pièces gravées par différents artistes, d'après les dessins du maître ;

4° Les imitations ;

5° Les copies classées d'après l'ordre adopté pour le Catalogue de l'œuvre.

Chacune de ces parties, ou sections, est précédée d'une Introduction explicative.

La première partie, contenant la Biographie de l'artiste, a été publiée en 1853. Elle a une pagination particulière et peut, à volonté, être réunie au Catalogue de l'œuvre ou en être séparée.

L'impression du Catalogue et de ses annexes a duré six années, à cause des recherches incessantes que nous avons faites pour améliorer notre travail. Des documents nouveaux, découverts pendant l'impression, ont donné lieu à quelques additions et corrections auxquelles le lecteur est engagé à se reporter.

Les notes manuscrites du savant Mariette, qui sont conservées au Cabinet des estampes de la Bibliothèque impériale, nous ont souvent servi à éclaircir des points douteux, soit sur la Biographie de Callot, soit sur l'authenticité de ses ouvrages. On trouvera, en tête du Catalogue de l'œuvre, des explications détaillées sur l'usage que nous avons fait de ces précieux documents.

Nous avons également indiqué, en tête du Catalogue de l'œuvre, les diverses collections publiques ou particulières que nous avons compulsées. Nous adressons ici nos vifs remerciements à M. le Conservateur des estampes à la Bibliothèque impériale, ainsi qu'à MM. les Conservateurs des Bibliothèques de l'Arsenal et de Sainte-Geneviève, pour l'empressement avec lequel ils ont bien voulu mettre à notre disposition les trésors confiés à leur garde.

Nous avons également trouvé l'accueil le plus empressé de la part des amateurs parisiens et lorrains, qui ont bien voulu nous ouvrir leurs portefeuilles. Nous devons surtout remercier MM. Prosper de Baudicour et Robert-Dumesnil, dont les savantes indications nous ont été d'un grand secours.

La collection des ouvrages de Callot, dont M. Robert-Dumesnil s'est séparé en 1856, est, quant au choix des épreuves, la plus belle que nous ayons jamais vue. Nous avons pu l'étudier à loisir et y puiser, avant et pendant l'impression de notre Catalogue, de nombreuses et précieuses indications. Nous avons été guidé dans ces recherches par l'inépuisable complaisance du possesseur, qui, non-seulement nous a fait part de ses souvenirs, mais encore a bien voulu mettre à notre disposition le commencement d'une description manuscrite de l'œuvre de Callot et les notes qu'il se proposait d'utiliser pour la continuation de son *Peintre-graveur français*. Nous ne saurions assez dire combien notre travail s'est amélioré par les communications que nous devons à M. Robert-Dumesnil qui, pendant quarante ans, a étudié et collectionné notre maître avec amour. La description de son œuvre est un des plus rudes labeurs iconographiques. Nul ne pouvait, aussi bien que M. Robert-Dumesnil, mener ce travail à bonne fin. Nous n'avons pas la prétention de croire que nous y avons complétement réussi; mais, du moins, pouvons-nous dire que nous n'avons rien épargné pour que notre travail fût aussi exact que possible.

MM. Beaupré, conseiller à la Cour impériale de Nancy et Soyer-Willemet, bibliothécaire en chef de la même ville, ont bien voulu se charger de la révision de nos épreuves. Nous les prions de recevoir le témoignage de notre reconnaissance, pour le soin avec lequel ils ont accompli ce travail ingrat et d'autant plus fastidieux que nous avons rapporté, textuellement, les inscriptions des estampes, en reproduisant leur orthographe. Les iconophiles savent combien cette méthode est utile pour distinguer soit les différents *états* d'une même estampe, soit les originaux d'avec les copies.

MM. Beaupré et Soyer-Willemet ne se sont pas borné à ce travail matériel; ils nous ont souvent mis à même de rectifier certaines descriptions défectueuses; nous les remercions de nouveau de leur précieux concours.

Notre travail est suivi de trois tables.

La première contient la nomenclature des divisions du Catalogue de l'œuvre, d'après la classification que nous avons adoptée.

La seconde table est disposée suivant l'ordre alphabétique. Nous y avons fait figurer plusieurs fois la même estampe, soit par la désignation sous laquelle elle est le plus généralement connue, soit par les premiers mots des légendes ou inscriptions latines, italiennes ou françaises qui s'y trouvent relatées.

La troisième table comprend seulement les estampes sur lesquelles on ne voit ni légendes, ni inscriptions. Elles y sont classées d'après leurs dimensions en hauteur et en largeur. Ces dimensions sont exprimées en millimètres, pour les pièces que nous avons pu mesurer; et en pouces et lignes anciens, pour celles que nous n'avons pas rencontrées, mais qui ont été vues par Mariette ou par Gersaint. Cette table est destinée à faciliter, autant que possible, tant dans le Catalogue de l'œuvre que dans ses annexes, la recherche des pièces dont le sujet n'est point désigné par des inscriptions.

Au moyen des indications diverses fournies par ces trois tables, la description de chaque pièce, mentionnée dans le Catalogue de l'œuvre et dans ses annexes, pourra être facilement trouvée.

Les expressions de *droite* et de *gauche*, employées dans nos descriptions, se rapportent à la personne qui regarde l'estampe. Par ces mots : *dans la marge*, nous avons toujours sous-entendu la marge du bas.

Lorsque les pièces décrites ont été gravées au burin, nous avons eu soin de le mentionner. Quant aux pièces dont le genre de gravure n'est pas indiqué, elles ont été exécutées à l'eau forte.

La typographie ne pouvant reproduire le monogramme de Callot (C traversé d'un I) qu'on voit sur plusieurs de ses estampes, nous avons placé un astérisque à la suite du nom du maître pour indiquer qu'il est ainsi écrit sur la pièce.

Dans chaque section ou §, nous commençons toujours par les morceaux isolés, et nous finissons par ceux qui forment des suites.

Les pièces gravées pour orner des livres font, dans chaque section, l'objet d'un § particulier.

Le trait vertical | que nous avons ajouté à la transcription des titres, ou des légendes marginales, marque le point où se termine la ligne dans la pièce décrite.

Les dimensions des morceaux que nous indiquons sont fournies par les mesures prises sur le trait carré de chaque pièce. Lorsque le trait carré n'existe pas, nous avons mesuré la planche d'après le témoin du cuivre. Toutes les fois qu'un de ces éléments nous a manqué, nous avons exprimé notre incertitude par ce signe [?] — nous devons ajouter que les dimensions d'une pièce peuvent varier de plusieurs millimètres, suivant la qualité du papier et les conditions dans lesquelles la retraite s'est opérée après la mouillure.

Presque toutes les pièces qui composent le Catalogue de l'œuvre de Callot (notre seconde partie) ont passé sous nos yeux. Quant au petit nombre de celles que nous n'avons pu découvrir, après douze années de recherches, nous ne les avons considérées comme authentiques qu'autant qu'elles ont été vues et attribuées à Callot par le savant et judicieux Mariette, dont nous avons rapporté les descriptions.

RECHERCHES

SUR LA VIE ET LES OUVRAGES

DE

JACQUES CALLOT.

SECONDE PARTIE.

CATALOGUE DE L'ŒUVRE.

OBSERVATIONS PRÉLIMINAIRES.

De tous les artistes, Callot est celui dont on a le plus cherché à *faire l'œuvre complet;* tentative utile, au point de vue de l'art, si l'on ne s'attache qu'aux ouvrages authentiques; mais bien puérile, si l'on veut s'obstiner à la recherche de certaines pièces excessivement rares, dont le mérite est contestable et l'authenticité douteuse. La Bruyère a peint spirituellement le tourment et le désespoir d'un de ces *iconomanes* auquel il manquait une pièce pour compléter son Callot. C'est sans doute pour satisfaire cette manie passionnée, que certains *iconopoles* ont attribué au maître Nancéïen plusieurs pièces gravées dans son genre par divers artistes qui, le plus souvent, avaient l'intention d'essayer leurs talents, plutôt que celle de contrefaire ou d'imiter Callot. Ces pièces, tirées à petit nombre, quelquefois même uniques, ont grandi aux yeux des amateurs en raison de leur rareté. A force de l'entendre répéter, on s'est persuadé qu'elles étaient de Callot, et plusieurs ont été réputées telles jusqu'à nos jours. Il est temps de les faire descendre de la place honorable qu'elles ont usurpée. Certaines pièces qualifiées introuvables, rarissimes, uniques, par Gersaint (*), doivent, selon nous, être rangées parmi les morceaux douteux ; et, pour la plupart, c'est assurément leur faire beaucoup d'honneur : d'autres pièces, auxquelles s'appliquent les mêmes qualifications, doivent être considérées comme apocryphes. On n'a pas assez remarqué, jusqu'à présent, que la seule description de l'œuvre de Callot, qui ait quelque valeur, se trouve dans un catalogue de vente, celui de M. Quentin de Lorangere. Bien qu'il ait plus de cent ans de date, cet ouvrage prouve que son auteur savait faire valoir la marchandise qu'il livrait aux enchères ; s'il a quelquefois ajouté l'épithète *douteuse* à l'annonce de certaines pièces, c'était pour mieux faire ressortir l'importance de celles qui étaient réputées rares et authentiques.

(*) Catalogue raisonné des diverses curiosités du cabinet de feu M. Quentin de Lorangere, par E. F. Gersaint. Paris, 1744. In-12.

D'ailleurs, comment Gersaint, qui avait vendu à M. de Lorangere un grand nombre de morceaux, aurait-il pu, en rédigeant son Catalogue, se donner à lui-même un démenti ? Sa description, précieuse d'ailleurs à plus d'un titre, ne doit donc être consultée qu'avec la plus grande circonspection par ceux qui ne veulent attribuer à Callot que ce qui lui appartient incontestablement. Les dates offrent quelquefois un argument irrésistible contre les attributions inconsidérées ; mais, le plus ordinairement, les pièces douteuses ne portent ni date ni signature ; dés lors, il faut s'en tenir au jugement des yeux et à cette expérience qu'on acquiert par une longue habitude à l'aide de laquelle le *faire* du maître finit par devenir familier. Comme le doute ne porte jamais sur des pièces capitales, rarement sur des bonnes, le plus souvent sur des médiocres, il doit être exprimé aussitôt qu'il existe. Telle est la règle que nous avons adoptée pour la partie de notre travail comprenant le Catalogue de l'œuvre de Callot. On y trouvera seulement la description des pièces portant avec elles la preuve certaine de leur origine, et de celles qui nous ont paru présenter de tels caractères d'authenticité, qu'il faudrait se refuser à l'évidence pour ne pas les admettre.

Du reste, et afin que notre travail soit aussi complet que peut l'être une œuvre de ce genre, nous décrivons dans une dernière partie, non-seulement toutes les pièces douteuses que nous rejetons du Catalogue, mais encore les copies des morceaux authentiques (*) et aussi les gravures faites sur les dessins de Callot, ainsi que les ouvrages de ses principaux imitateurs.

Dans la description des pièces authentiques, nous avons suivi la méthode rigoureuse adoptée par M. Robert-Dumesnil. Un assez grand nombre d'articles ont donné lieu à des anecdotes, à des discussions sur les lieux, les dates et surtout sur les différents *états* qu'une même planche a pu successivement subir. Nous n'omettons aucun de ces détails.

En ce qui concerne particulièrement les planches, elles ont passé successivement, et par quantités fort inégales, entre les mains d'un grand nombre de possesseurs. Parmi celles qui ont été gravées à Rome et à Florence, plusieurs sont venues en France et ont été achetées, soit par P. Mariette (le vieux), soit par Langlois dit Ciartres ou Chartres; (**) d'autres ont été à

(*) La plus grande partie des eaux fortes de Callot a été copiée à différentes époques. Parmi ces copies, plusieurs ont été faites par des artistes de mérite qui ont signé leurs ouvrages, ou qui, tout en gardant l'anonyme, se sont bornés à mentionner que l'invention seule appartenait à Callot. D'autres, moins scrupuleux, ont copié jusqu'au mot *fecit* qui désigne ordinairement une œuvre originale. Il faut alors, de toute nécessité, indiquer les dissemblances et les moyens de reconnaître la fraude. C'est ce que nous avons fait avec le plus grand soin dans notre troisième partie.

(**) Voy. un excellent travail sur Langlois par M. Faucheux : Revue des Beaux-Arts. 1858.

Rome entre les mains de Rossi ; d'autres enfin ont été acquises par Cosme II, grand duc de Toscane, et se sont conservées longtemps à Florence dans le cabinet du grand-duc, d'où elles ont disparu depuis plusieurs années. Parmi celles qui sont échues aux marchands que nous venons de citer, et à d'autres encore, plusieurs ont été perdues ou détruites ; la plus grande partie a cependant subsisté jusqu'à la fin du XVIIIe siécle, et il en existe encore aujourd'hui un certain nombre.

Quant aux planches gravées à Nancy, depuis 1622 jusqu'à la fin de l'année 1628, elles sont restées en la possession de la famille Callot, et, à la mort du maître, il en fut fait deux parts égales. L'une échut à la veuve et l'autre aux héritiers du sang, c'est-à-dire, aux collatéraux de Callot, qui n'eut point d'enfants. La part de la veuve fut achetée par Israël Silvestre (Gersaint, Catalogue de Lorangere, page 125). Celle des collatéraux se subdivisa entre eux, et c'est ainsi que la mère de Mme de Graffigny, petite-nièce de Callot (*), put en posséder une

(*) Marguerite-Christine Callot, dernière des sept enfants de Jean Callot, quatrième du nom (*), neveu de l'illustre graveur. « Elle épousa en secondes noces, vers l'année 1685, François-Henry d'Issembourg du Buisson seigneur d'Happoncourt et de Greux,

(*) Ce Jean quatrième était lui-même un artiste ; car c'est à lui, bien plutôt qu'à son père, alors fort âgé, que paraît s'appliquer un payement de 80 francs fait à Jean Callot en 1654, pour peintures en détrempe et paysages au nombre de douze (M. Lepage, Palais ducal, p. 114.)

certaine quantité. Cette dame, chez laquelle les soins domestiques l'emportaient sur le goût des arts et les pieux souvenirs de famille, fit venir un chaudronnier, pour transformer en ustensiles de ménage une partie de son héritage artistique. Les petites pièces échappèrent, par leur exiguité, à cet acte de vandalisme ; mais il est pénible de penser que les grandes planches de la généalogie des ducs de Lorraine, et d'autres semblables, furent très-probablement converties en batterie de cuisine (*).

---

lieutenant des carabiniers du Roi de France, et depuis lieutenant des gardes du corps et des chevau-légers de S. A. R. de Lorraine Léopold), et major de la gendarmerie. » (Manuscrit généalogique de la famille Callot, appartenant à M. Beaupré, folio 4, verso.)

Quatre enfants naquirent de ce mariage, deux fils et deux filles; l'une, appelée Françoise, a épousé M. Hugues de Graffigny, dont elle a immortalisé le nom en écrivant les Lettres péruviennes.

Dom Pelletier (Nobiliaire de Lorraine, art. Callot) donne les noms des autres enfants de Marie-Christine Callot, frères et sœur de Mme de Graffigny.

(*) Il paraît que ces transformations ne furent pas les seules, car il ne faut pas les confondre avec celles que signale une lettre de Jadot, architecte de Léopold, qui se conserve à la Bibliothèque impériale (Cabinet des estampes) avec les notes de Mariette, T. 2, fol. 55. Ce Jadot, que Lionnois (T. III, p. 57) signale comme un assez bon dessinateur, était en correspondance avec Mariette, qui lui avait demandé plusieurs renseignements sur des pièces rares de Callot et sur les planches laissées par ce maître en Lorraine. Voici la réponse de Jadot :

Toutefois cette perte ne fut pas aussi considérable qu'on a bien voulu le dire. Il faut remarquer, en effet, qu'il n'a pu s'agir que des planches gravées de 1622 à la fin de 1628, et, peut-être aussi, de quelques morceaux peu importants rapportés d'Italie. On a vu plus haut que presque tout ce qui avait été gravé à Rome et à

« MONSIEUR,

» Si j'ai tardé à vous envoyer le dessin de l'épitaphe de Callot, c'est, comme j'ai eu l'honneur de vous faire savoir, que n'ayant eu que le temps de copier l'inscription, je priai un de mes amis de la dessiner pour que je vous la fasse tenir ; ce que par sa nonchalance à tarder si longtemps (*sic*). Pour à l'égard des grandes (planches), ce n'est que trop vrai que l'ignorance de son héritier a été si grande que de faire faire une cuvette de toutes les planches qui restaient à (de) ce grand homme qui (laquelle) appartient aujourd'hui au prince de Craon qui la garde précieusement (*).

» Pour ce qui est des antiquités des Vosges, comme j'y ai été depuis peu, j'ai appris d'un curé qu'il avait vendu à l'encan d'un de ses confrères l'histoire ou les Antiquitez de l'Eglise de St-Diez à un chanoine, mais comme ce n'est pas ce que vous souhaittez, je ne m'en suis point informé.

» Comme je ne puis, monsieur, vous exprimer combien je suis pénétré de reconnaissance de tous les égards et politesses que vous avez envers moi, j'ose vous offrir, s'il vous plaît, mes services et me croire entièrement... etc.

» JADOT.

» A Lunesville, ce 28 août 1732. »

(*) M. le prince de Beauvau nous a certifié que cette cuvette n'existe plus au château de Craon (Haroué), dont il est propriétaire.

Florence est passé entre les mains des marchands, ou est resté longtemps à Florence dans le cabinet du grand-duc. Nous constaterons plus tard que les planches postérieures à 1628 sont devenues la propriété d'Israël Henriet, par suite d'un traité fait avec Callot. Il n'est donc resté dans sa succession, et sa famille ne s'est partagé, que les cuivres gravés à Nancy de 1622 à 1628.

Jean III, frère de l'illustre graveur, dut en avoir le quart ou tout au plus la moitié. Cette fraction dut elle-même se subdiviser en deux parties égales à la mort de Jean IV, grand-père de Mme de Graffigny, dont la mère eut à partager la succession paternelle avec sa sœur aînée, mariée à Jacques de Villaucourt. Quand bien même on admettrait que les planches gravées n'ont pas été également réparties entre les héritiers de Jean III, la portion de ce dernier n'a pu être supérieure à la moitié, puisqu'il est certain que la veuve de Callot vendit sa moitié à Israël Silvestre. Du reste, il est évident que la mère de Mme de Graffigny ne posséda même pas toutes les grandes pièces de cette époque, car elle n'eût pas manqué de convertir en chaudron l'immense planche de la Grande Thèse, qui se conserve à la Bibliothèque publique de Nancy. Il existe d'ailleurs plusieurs pièces de cette époque qui ne portent pas l'adresse de Silvestre, et qui étaient par conséquent entrées dans le lot des héritiers du sang. Soit à cause de leurs trop faibles dimensions, soit par tout autre motif, elles ont échappé aux transformations sacriléges devant lesquelles n'aurait pas reculé la petite-nièce du grand artiste.

Quant aux pièces gravées depuis 1629 jusqu'à la mort de Callot, elles ont été possédées en totalité (sauf les Grands Siéges de la Rochelle et de l'île de Ré (*), ainsi que quelques portraits) par Israël Henriet, en vertu de la convention que rapporte Félibien dans les termes suivants : « Pendant que Callot demeura à Paris, il logea avec Israël au Petit-Bourbon : et, quand ils se séparèrent, ils convinrent que tout ce que Callot graverait dorénavant serait pour Israël, ce qui fut exécuté ponctuellement ; car toutes les planches qu'il fit depuis son retour (en Lorraine) vinrent entre les mains de son ami..... » (**).

Après la mort d'Israël Henriet, les planches possédées

(*) « Les planches de la Rochelle et de l'Ile de Ré avaient été achetées par M. de Lorme, celui dont Callot a gravé le portrait. On avait été longtemps sans savoir ce qu'elles étaient devenues. Elles sont reparues, depuis un ou deux ans, entre les mains du sieur Cars, graveur à Paris. » (Note manuscrite de Mariette, datée de 1725.)

(**) On conçoit dès lors combien sont rares, et véritablement précieuses, les suites de cette époque qui ne portent pas le nom d'Israël Henriet. Elles sont tirées par ce dernier à Paris, ou peut-être même par Callot, à Nancy, comme épreuves d'essai. Aussi sont-elles vivement recherchées, avec juste raison, par les amateurs dont elles font les délices.

par lui passèrent entre les mains de son neveu et héritier, Israël Silvestre, qui ajouta à son héritage celles qu'il acquit de la veuve Callot, ainsi que nous l'avons dit précédemment. Il est vraisemblable que c'est à cette époque qu'Israël Silvestre inscrivit son nom sur ces planches (*).

Israël Silvestre mourut le 11 octobre 1691. Sa succession ne fut partagée qu'en 1699. Henriette-Suzane,

---

(*) Les épreuves tirées avant le nom d'Israël Silvestre, quoique très-recommandables, ne portent pas un caractère de priorité semblable à celui qui est le cachet certain du premier tirage fait par Israël Henriet des pièces qu'il recevait de Nancy. Parmi les épreuves des planches ayant appartenu à la veuve Callot ou à ses héritiers, les unes ont été tirées du vivant du maître, avant 1629, et elles sont exquises; les autres ont été tirées également de son vivant, jusqu'à sa mort, et sont encore fort bonnes; d'autres enfin ont vu le jour entre 1635 et le moment où les cuivres furent vendus à Silvestre, c'est-à-dire, probablement vers 1661. On conçoit que, plus on se rapproche de cette époque, moins les épreuves doivent conserver cette vigueur, ce velouté, ce ton argentin à l'aide desquels on apprécie seulement à toute sa puissance le génie de Callot. Il y a donc un grand choix à faire entre toutes les épreuves de ce même état, dont la beauté relative ne peut être appréciée que par une grande habitude ou par les comparaisons faites à l'aide du rapprochement; car aucun signe extérieur et distinctif ne signale la différence énorme qui existe entre une excellente épreuve de la Carrière, par exemple, et le dernier tirage de la même pièce, exécuté avant l'addition du nom de Silvestre. (V. notre n° 621.)

sa fille, mariée à Nicolas Petit, sieur de Logny, avocat au Parlement, reçut dans son lot : « Toutes les planches gravées par Callot, la Belle, Marot, Lepautre, Petit et le feu Sieur Silvestre, avec toutes les épreuves imprimées de ces planches, qui n'ont pu être vendues, pour la somme de 3000 livres, conformément à l'estimation qui en a été faite entre les parties » (Acte de partage du 1er mai 1699, conservé dans les papiers de famille de M. le baron de Silvestre). Ce fut probablement dans la même année que M. de Logny, gendre de Silvestre, vendit les planches à l'orfévre Fagnani, qui en débita des épreuves depuis 1699 jusque vers 1730 (*). Ce Fagnani avait fait graver par Sébastien Le Clerc des cartouches destinés à servir d'entourages à certaines piéces ou suites de Callot. Cet ornement, d'un goût fort équivoque, ne fut pas accueilli avec faveur. D'ailleurs il révélait, à la première vue, un tirage alors récent ; aussi son emploi fut-il assez promptement abandonné. On dit que Fagnani, qui n'était pas trés-scrupuleux, coupa ces entourages, sur les épreuves qui lui restaient, dans l'intention frauduleuse de les faire passer pour an-

---

(*) Une note ancienne, placée en tête du Tome III de l'œuvre de Callot qui est conservé à la Bibliothèque de l'Arsenal, nous apprend que Fagnani, fameux brocanteur, demeurait rue de Grenelle St-Honoré en 1722. « Il publia par souscription les œuvres de Callot, en trois volumes, pour le prix de 450 livres. »

ciennes. Gersaint l'accuse même d'avoir été jusqu'à dissimuler par des *caches* les armes ou les inscriptions de certaines pièces, telles que la Tentation de saint Antoine, qu'il tirait en poussant au noir. La fraude fut découverte et ses produits conspués. Malgré son habileté à tromper, Fagnani a fourni, sans le vouloir, un moyen bien simple de distinguer, au moins quant aux suites, son tirage de ceux qui lui étaient antérieurs. Ces suites ne portaient, pour la plupart, que des inscriptions sans numéros. Afin qu'on pût les classer dans un ordre convenable, et pour s'y reconnaître lui-même, Fagnani fit mettre des numéros à chaque morceau de presque toutes les suites qu'il possédait. Il en est résulté que les exemplaires numérotés ont porté avec eux-mêmes la preuve de leur origine récente. On a bien essayé depuis de dissimuler au moyen de *caches* l'existence de ces numéros ; mais elle se révèle presque toujours par la légère dépression que produit sur l'épreuve le papier, ou tout autre corps frauduleusement interposé (*).

Après la mort de Fagnani ou la cessation de son com-

(*) Nous répèterons, à propos des numéros de Fagnani, ce que nous avons dit à l'occasion du nom de Silvestre (voir la note précédente). L'absence de ces numéros, alors même qu'ils n'auraient pas été traîtreusement dissimulés, n'est nullement une preuve de la bonté du tirage. Il en résulte seulement que ce tirage a eu lieu avant la fin du XVIIe siècle.

merce, les planches qu'il possédait, et dont il avait usé et abusé, furent acquises par M. l'abbé de Chancey, garde du cabinet des estampes du Roi (*). On les croyait perdues lors de l'impression du Catalogue de M. Quentin de Lorangere en 1744 ; mais il est certain qu'une trés-petite portion seulement fut détruite et l'on pense qu'une autre partie, plus considérable, passa en Angleterre d'où elle revint en France, soit en totalité, soit en partie, à une époque qu'on ne peut préciser. Suivant une autre version, qui paraît plus vraisemblable, toutes les planches acquises par l'abbé de Chancey seraient demeurées en France, ou elles n'auraient été retrouvées qu'après la révolution En tout cas, il est incontestable qu'une quantité considérable de cuivres gravés par Caliot se trouvait en France au commencement de notre siècle. Le plus grand nombre fut possédé successivement par la veuve Jean, puis par Leloutre, marchand à Paris ; elles sont actuellement conservées à Nancy dans le riche cabinet de M. Thiéry.

(*) « Le Roy ou plutôt l'abbé de Chancey sous le nom du Roy les a acquises et toutes celles qu'il (Fagnani) avait de Silvestre et de la Belle en 1730 » (Notes manuscrites de Mariette, folio 52). L'abbé de Chancey ne rendit jamais compte de son marché. Ayant perdu sa place, par suite des soupçons qui s'élevèrent sur sa délicatesse, il est probable qu'il mit les planches acquises par lui à l'abri des recherches. Quoi qu'il en soit, il est certain que les dépôts publics de Paris n'en ont jamais possédé aucune.

Outre les planches qui ont passé entre les mains de Henriet, de Silvestre, de Fagnani, etc., plusieurs furent possédées au XVIIIe siècle par madame Vincent, Gallays et Langlois. Celles qui portent ces noms ne donnent plus que des épreuves déplorables.

Par suite d'une erreur assez répandue, on croit que beaucoup de planches de Callot ont été retouchées. M. de Heinecken lui-même s'y est trompé, et il lui est souvent arrivé, dans son Dictionnaire des artistes, de prendre pour des épreuves de planches retouchées celles qui provenaient de copies exécutées dans le même sens que les originaux. La vérité est que peu de planches originales ont été retouchées; ce sont en général celles qui ont appartenu à madame Vincent. Quelques essais ont été tentés au commencement de ce siècle par des mains inhabiles qui, en essayant de raviver quelques planches, les ont complétement ruinées. Quant aux cuivres non retouchés, est-il besoin d'ajouter que, malgré la précaution prise par quelques possesseurs de tirer leurs produits sur un papier simulant l'antique, ils ne donnent que des épreuves déshonorées par l'absence des fonds ou, tout au moins, dures et sans aucun effet.

Presque toutes les pièces ou suites de Callot sont signées; cependant il y en a quelques-unes sur lesquelles on ne lit ni le nom du maître, ni aucun nom d'imprimeur ou de marchand. La comparaison avec une belle épreuve, prise comme type, peut seule, à défaut d'une grande habitude, faire reconnaître l'ancienneté du tirage.

On s'est demandé plusieurs fois si Callot, à l'exemple des anciens maîtres, tirait lui-même, ou du moins faisait tirer sous ses yeux les épreuves de ses planches. Nous croyons que la question doit être décidée affirmativement, quant aux pièces qui appartiennent à la période lorraine de 1622 à la fin de 1628. Il est difficile de penser que Callot envoyait ses planches à Paris pour en tirer des épreuves. Il lui aurait fallu une confiance bien robuste dans la bonne foi de l'imprimeur, qui eût pu détourner à son profit bon nombre d'épreuves, et des meilleures. Ensuite, si Callot faisait tirer ses planches à Paris, pourquoi ne voit-on aucun nom d'imprimeur, ni d'éditeur, sur les morceaux qui appartiennent à la période antérieure à 1628 ? La preuve qu'on tirait à Nancy se trouve d'ailleurs dans la mention : *et excudit Nanceii* qu'on lit, notamment, sur le titre des *Gobbi* (n° 747) et sur la Grande Foire (n° 625). Si, comme on n'en peut douter, on a tiré les premières épreuves de ces pièces à Nancy, il a dû en être de même à l'égard des autres morceaux gravés en Lorraine depuis 1622 jusqu'en 1629, époque à partir de laquelle presque toutes les pièces nouvellement gravées par Callot portent l'*excudit* d'Israël Henriet. Quant aux pièces de la période antérieure, on reconnaît les premiers tirages au double C, traversé d'une croix de Lorraine, chiffre de Charles IV qu'on aperçoit dans le filagramme du papier ; ce qui est une preuve irrécusable qu'elles ont été tirées en Lorraine, alors même qu'elles ne portent pas l'*excudit* du maître.

Nous croyons que non-seulement le tirage avait lieu à Nancy, par Callot ou sous sa direction immédiate, mais que l'artiste gravait aussi, lui-même, les inscriptions qui se lisent sur ses planches. C'est du moins ce qui paraît résulter de la pièce comptable que nous avons reproduite, note 31 de notre première partie, et qui constate que Callot gravait en lettres. Mariette remarque aussi que Callot a inscrit de sa propre main son nom sur certaines pièces. Son écriture est d'ailleurs facile à reconnaître.

Les premiers tirages ne devaient pas être bien considérables ; depuis, ils ont été fréquemment réitérés, et certaines planches ont produit un nombre immense d'épreuves. Bien que la gravure de plusieurs morceaux soit très-fine, ces planches ont pu supporter des tirages assez nombreux sans être profondément altérées. Les auteurs qui, comme Hubert et Rost, n'assignent qu'un tirage de 200 bonnes épreuves aux gravures à l'eau forte ; sont, à l'égard de certaines pièces de Callot, au-dessous de la vérité. Il avait une manière si particulière d'attaquer le cuivre, à la fois si prompte, si franche et si incisive, que les traits ne se sont effacés que par un assez long usage. La qualité du métal employé pour certaines pièces a aussi contribué à rendre possibles des tirages considérables. Ainsi, le cuivre des Misères de la guerre, de l'Enfant prodigue, etc., est excellent et a parfaitement résisté à l'action du rouleau. Au contraire, la planche des Supplices, celles de la Petite Passion, des Caprices de Florence, des Grands Pantalons, etc., se sont usées très-promptement, parce que le cuivre en était mou et qu'il s'est écrasé facilement. Au moment de la cession des principales planches à Fagnani; c'est-à-dire, 60 ans après la mort de Callot, on tirait encore des épreuves passables de certaines pièces, quoiqu'elles eussent perdu l'éclat et le velouté qui caractérisent les premiers tirages.

Ces qualités se sont peu à peu affaiblies par des tirages successifs, au point de ne plus donner que des épreuves décolorées, incomplètes surtout dans les fonds, et toujours d'une sécheresse et d'une dureté désespérantes.

Il ne nous reste plus qu'à indiquer brièvement la distribution de la première partie de notre Catalogue, qui contient uniquement la description des pièces authentiques, et sur lesquelles il ne peut s'élever aucun doute sérieux.

Les suites et les pièces isolées ont été classées dans l'ordre le plus naturel, celui des sujets, en jetant, pour plus de clarté, de nombreuses sous-divisions dans les classes principales. Dans chaque division ou sous-division, nous commençons toujours par les morceaux isolés, et nous terminons par les suites. Des renvois fréquents facilitent les recherches.

Autant que nous l'avons pu, nous avons indiqué les différents *états* des morceaux que nous décrivons. En général, nous avons réservé les développements et les digressions pour les circonstances où il devenait nécessaire d'éclaircir quelques points douteux d'histoire iconographique.

Tous les Catalogues imprimés de l'œuvre de Callot fourmillent d'erreurs, d'omissions, ou d'attributions complétement fausses. Ce dernier défaut se remarque même dans la description faite en 1744, par Gersaint, de l'œuvre possédé par Quentin de Lorangere. Ce Catalogue a joui longtemps d'une grande réputation, qu'il mérite à certains égards; car son auteur était un des meilleurs appréciateurs du XVIIIe siècle. Il ne doit cependant être consulté qu'avec défiance. Avant tout, c'est un Catalogue de vente. Bien que le charlatanisme des descriptions ne fût pas poussé aussi loin en 1744 qu'il l'a été de nos jours; il est certain que, dans un intérêt facile à comprendre, l'auteur a quelquefois attribué à Callot des pièces, certainement fort rares; mais dont l'authenticité est douteuse ou qui portent avec elles-mêmes la preuve de leur fausseté.

Nous ne connaissons qu'une seule description consciencieuse et intelligente de l'œuvre de Callot. C'est celle qui se trouve dans les notes manuscrites du savant

Mariette, conservées aujourd'hui à la Bibliothèque impériale. Mariette a travaillé et écrit sur les arts pendant soixante ans. Il était devenu le plus grand connaisseur et le guide le plus sûr de son époque. Il n'a pas été surpassé. Ses jugements sont acceptés comme des oracles par les appréciateurs les plus célèbres de nos jours. Ses manuscrits ont été compulsés avec fruit par M. Adam Bartsch qui en a tiré une partie importante des vingt et un volumes in-8° composant son *Peintre graveur*. Cet ouvrage contient presque exclusivement des notices sur les maîtres italiens, allemands, hollandais et flamands, ainsi que la description de leurs œuvres. L'auteur de cette publication n'a pas même indiqué la source abondante à laquelle il avait puisé si largement que ses pages imprimées sont quelquefois la reproduction textuelle des manuscrits de Mariette. M. Bartsch a négligé presque tous les maîtres français et par conséquent Callot. Par suite de cette négligence, les notes de Mariette sur cet artiste sont restées complétement inédites (*). Elles nous

(*) Sauf cependant les détails biographiques très-intéressants dont nous avons usé dans notre Vie de Callot, et qui sont intégralement rapportés dans l'*Abecedario* imprimé par MM. Ph. de Chenevières et Anatole de Montaiglon. Les observations pleines de goût et de science qui, dans cette curieuse publication, accompagnent les notes de Mariette ainsi vulgarisées et mises dans le domaine public, en relèvent encore le prix. C'est la mine la plus féconde que doit d'abord fouiller quiconque veut écrire sur l'histoire des arts du dessin.

ont servi de guide pour notre Catalogue, et nous avons pu, à l'aide de ces inappréciables documents, rectifier bien des erreurs ou nous confirmer dans nos propres appréciations.

Toutefois, les notes de Mariette rédigées pour lui-même, et sans pensée de publication, ne sont point à proprement parler un Catalogue. C'est une description bien faite de la collection rassemblée par ses ayeux et par lui-même. On n'y trouve presque aucune indication sur les différents *états* par lesquels plusieurs planches ont successivement passé. Nous avons suppléé à cette omission par une étude attentive des différentes collections lorraines, et, surtout, de l'œuvre conservé au Cabinet des estampes à Paris. Cet œuvre est très-beau et très-considérable. Il a été composé avec les meilleures pièces provenant : 1° de la collection formée par l'abbé de Maugis, du vivant même de Callot ; collection augmentée par l'abbé de Marolles, et acquise par Colbert pour le Cabinet du roi (*); 2° de l'œuvre de M. de Beringhen,

(*) On ne trouve plus, au Cabinet des estampes, qu'une partie des pièces qui faisaient partie des collections de Maugis et de Marolles. Des détournements nombreux ont eu lieu du temps de l'abbé Bignon, qui était garde de la Bibliothèque du roi. Plus tard, l'abbé de Chancey, qui avait succédé à l'abbé Bignon, loin de veiller sur le précieux dépôt dont la garde lui était confiée, fut convaincu de l'avoir dilapidé à son profit. Il fut destitué et poursuivi

dont Gersaint parle souvent dans le Catalogue de M. de Lorangere ; 3° et enfin de l'œuvre acquis en 1829, à la vente de M. Denon, et qui contenait tout ce que Zanetti avait pu recueillir du maître lorrain. On a eu le soin de conserver, de chacune de ces collections, les épreuves d'une même planche qui présentent entre elles quelque différence ; de sorte qu'on peut, en comparant le maître avec lui-même, étudier, constater et décrire les différents états. Chaque collection particulière offre, en outre, quelques variétés dont il est souvent utile de tenir compte pour arriver à faire une description aussi exacte et aussi complète que possible.

L'état dans lequel se trouvent les volumes renfermant

---

en 1735. (Voyez Revue rétrospective, Journal de Mathieu Marais.)

La Bibliothèque de Sainte-Geneviève possède aussi un œuvre de Callot, moins consulté que celui de la Bibliothèque impériale, mais fort digne de l'être à certains égards. Il a été légué à la Bibliothèque, le 1er octobre 1766, par M. de Gaillard, baron de Lonjumaux, conseiller en la Cour des comptes, aides et finances de Provence. Une note manuscrite du dix-huitième siècle, placée en tête de ce recueil, annonce qu'il a été complété à l'aide des portefeuilles d'estampes conservés dans la même Bibliothèque. Les pièces les plus curieuses et les plus rares ont malheureusement disparu depuis longtemps.

L'œuvre de la Bibliothèque de l'Arsenal est moins important que ceux dont nous venons de parler ; cependant nous y avons trouvé d'utiles indications.

l'œuvre de Callot, au Cabinet des estampes, atteste que, de nos jours, on en fait un fréquent usage. Quoique solidement reliés, depuis une trentaine d'années seulement, ils sont très-fatigués. Cela prouve que le goût, pour les œuvres du grand artiste est aussi vif que jamais. Quant à nous, lorsqu'il nous a été donné de contempler ces belles épreuves, qui ont passé bien souvent sous nos yeux, nous y avons toujours trouvé un charme nouveau; et, plus d'une fois, il nous est arrivé d'oublier notre froide description pour ne penser qu'au génie créateur de tant de merveilles.

Nous donnons, ci-après :

1° La liste chronologique des ouvrages de Callot.

2° La liste des pièces gravées par Callot en Lorraine, après son retour d'Italie, et qui ont été chiffrées par Fagnani.

3° Un extrait de l'inventaire dressé après le décès d'Israël Silvestre, par Me Moulineau, notaire à Paris, et comprenant la liste de toutes les planches de Callot qui ont été possédées par Israël Silvestre, et vendues à Fagnani.

4° La description des portraits de Callot qui ont été gravés par ses contemporains.

LISTE CHRONOLOGIQUE

DES

OUVRAGES DE CALLOT.

PREMIERS TRAVAUX EN LORRAINE.

1607-1608.

1607. A l'âge de 15 ans.

Portrait de Charles III, duc de Lorraine (504).

1608. A l'âge de 16 ans.

Généalogie de la maison de Porcelet (599).
Blasons des familles nobles de Lorraine (604).

TRAVAUX A ROME

SOUS LA DIRECTION DE PHILIPPE THOMASSIN.

1609-1611.

1609. A l'âge de 17 ans.

Les Saisons (719-722).
Les Mois (723-728).
Le Petit *Ecce Homo* (8).

1610. A l'âge de 18 ans.

L'Ensevelissement (11).
Le Repos de la Sainte Famille (64).

1611. A l'âge de 19 ans.

Jésus-Christ en croix (10).
Les Mesureurs de grains (52).
Les Tableaux de Rome (167-196).

TRAVAUX A FLORENCE

SOUS LA DIRECTION DE JULES PARIGI.

1612-1621.

1612. A l'âge de 20 ans.

Généalogie de la famille del Turco (600).
Le Purgatoire ou le Puits (153).
La Pompe funèbre de la reine d'Espagne (440-454).

1613. A l'âge de 21 ans.

Titre de la Tragédie de l'Harpalice (427).
Sainte famille anonyme (67).
Sainte famille d'après André Del Sarte (66).
Ecce Homo d'après Stradan (7).

1614. A l'âge de 22 ans.

Sainte famille d'après Farinati (68).
Miracles de l'Annonciade (*) (261-301).
Portrait de François de Médicis (429).
Pièce de dédicace à Cosme de Médicis (882).

1615. A l'âge de 23 ans.

Saint Paul assis, d'après Bloemaërt, pièce exécutée sur la gravure de Swanenburg (103).
Armoiries de Callot (601).
Armoiries de la Maison de Rovère (603).

(*) Cette suite a été gravée plusieurs années avant l'impression de l'ouvrage qu'elle était destinée à décorer et qui n'a été publié qu'en 1619.

Le Vaisseau d'artifice (618).
Fête et feu d'artifice sur l'Arno (619-620).
Joûtes de Florence. — Première fête, joûte à pied, dite la Guerre d'Amour (633-635).
Joûtes de Florence. — Seconde fête, dite Joûte à cheval (636-640). Voy., aux Additions, la description du n° 637 *bis*.

1616. A l'âge de 24 ans.

Les Deux Pantalons (626).
Les Intermèdes de Florence (630-632).
Les Actions ou Principaux faits de Médicis (534-549).
La Vierge et l'Enfant Jésus (69).
La *Nunciata* de Florence (75).
La Tentation de Saint Antoine de Florence (138).
La Possédée ou l'Exorcisme (156).

1617. A l'âge de 25 ans (bon temps du maître).

Les Combats des quatre galères (550-553).
Autres Combats de galères (554-555).
Le Massacre des Innocents. — 1re planche (5).
Sainte-Marie Victoire (146).
Les Caprices de Florence. — 1re suite (768-867).

1618. A l'âge de 26 ans.

L'Assomption au Chérubin (99).
Le Portement de croix (9).
Portrait de *Donato dell Antella;* pièce dite le *Sénateur* (430).
Les Armes de Médicis (431).
Elie et la veuve de Sarepta; pièce dite la Petite ferme (2).

1619. A l'âge de 27 ans.

L'Eventail (617).
Les Trois Pantalons (627-629).
Les Figures du Voyage à la Terre-Sainte (455-489).
Le Catafalque de l'Empereur Mathias (597).

1620. A l'âge de 28 ans.

La Grande Foire de Florence. — 1re planche (624).
Les Péchés capitaux (157-163).
L'Enfant Jésus (3).
La Tragédie de Soliman (434-439).
Titre des Statuts des Chevaliers de Saint-Etienne (428).

1621. A l'âge de 29 ans.

Titre de Livre au Saint François d'Assise (202).
Les Astrologues (203).
Titre de *Fiesole distrutta;* pièce dite la Jardinière (432).
Portrait de Peri; pièce dite le Jardinier (433).
Portrait de Cosme II, Grand duc de Toscane (429 *bis*).

TRAVAUX EN LORRAINE.

1622-1627.

1622. A l'âge de 30 ans.

Les Quatre Paysages (715-718).
Les *Balli* ou *Cucuruccu* (641-664).
Les *Gobbi* ou Bossus (747-767),
Les Bohémiens (667-670).
Les Gueux ou Mendiants (685-709).
Le Massacre des Innocents. — 2e planche (6).
L'Arbre de Saint François (145).
Les Armoiries de Lorraine (602).

1623. A l'âge de 31 ans.

Les Figures variées (730-746).
Les Caprices de Nancy. — Seconde suite (768-867).
La Grande Foire. — Seconde planche (625).

Suite dont le titre est : *Gloriosissimæ* (*) (90-98).
Le Martyre de Saint Sébastien (137).
Titre de la Sainte Apocatastase (198).
Portrait du Prince de Phalsbourg (508).
La Devideuse et la Fileuse (671).
Deux Dames de condition debout (672).

1624. A l'âge de 52 ans.

La Noblesse (673-684).
Les Supplices (665).
Le Grand Rocher (616).
Le Jeu de boules (623).
La Petite Passion (19-30).
Les Quatre Banquets (48-51).
Saint Laurent (136).
Le Prêtre portant le Saint-Sacrement de l'Eucharistie (154).
Les Martyrs du Japon (155).

1625. A l'âge de 53 ans.

Triomphe de la Vierge; pièce dite la Petite Thèse ou le Jubilé (100).
Saint Jean dans l'île de Pathmos (102).
La Pandore (729).
La Grande Thèse (615).
La Grande Passion (12-18).
La Généalogie de Lorraine (598).
Le Parterre ou Jardin de Nancy (622).
Saint Mansuet (141).

1626. A l'âge de 54 ans.

Saint Pierre debout (101).

(*) Les pièces dont se compose cette suite ont été gravées à différentes époques, de 1623 à 1628.

Saint François à la Croix de Lorraine (144).
Les Saintes Antiquités de la Vosge (204-206).
Siége de Bréda (510).
Vie de la mère de Dieu par Emblêmes (207-233).
La Lumière du Cloître (234-260) (*).

1627. A l'âge de 35 ans.

Planches surnuméraires du Combat à la Barrière. (490-491).
Le Combat à la Barrière (492-503).
La Sainte Famille à Table ou *Benedicite* (63).
Le Brelan (666).
Saint Nicolas ou Saint Severin (140).
Saint François d'Assise tenant un livre (142).
Saint François dans un lis (143).
Les Sacrifices (164-166).
Commencement du Livre des Saints (302-425).

1628. A l'âge de 36 ans.

La Carrière ou rue Neuve de Nancy (621).
La Grande Chasse (711).
Le Bataillon ou la Revue (556).
Titre du Manuel de dévotion au Saint-Sacrement de l'autel (201). — Cette pièce est gravée dans le goût de l'Adoration des Rois (92) et de la Résurrection (95).
Suite du Livre des Saints (302-425).
Armoiries du cardinal Nicolas François de Lorraine (913). — Ces armoiries décorent un livre publié en 1629.

(*) Cette suite et la précédente ont été publiées après la mort de Callot.

TRAVAUX A PARIS.

1629-1630.

1629. A l'âge de 37 ans.

Le siége de la Rochelle (511),
Cartouches pour les bordures de ce siége (512-521).
La Petite vue de Paris (712).
Le Passage de la Mer rouge (1).

1630. A l'âge de 38 ans.

Le siége de l'île de Ré (522).
Cartouches pour les bordures de ce siége (523-532).
Débarquement de troupes (533).
Fond du portrait de Louis XIII (507).
Portrait du médecin de Lorme (506) (*).
Combat de Veillane (509).
Titre des Miracles de N.-D. de Bonsecours (197) (**).

TRAVAUX EN LORRAINE.

1631-1633.

1631. A l'âge de 39 ans.

Les deux Grandes Vues de Paris (713-714).
Les Monnaies (605-614).
Les Mystères de la Passion de N.-S. et Vie de la Vierge (31-36).
Les Grands Apôtres (le Sauveur, la Sainte Vierge, les douze Apôtres et Saint Paul) (104-119).
Suite du Livre des Saints (302-425).
Titre des Coutumes de Lorraine (426).

(*) Cette pièce a pu être gravée, à Nancy, après le retour de Callot.

(**) La gravure de cette pièce, qui porte la date de 1630, a eu lieu à Nancy vers la fin de cette même année.

1632. A l'âge de 40 ans.

Portrait de Deruet (505).
Les Petites Misères (557-563).
Le Martyre des Apôtres (120-135).
Les Pénitents et Pénitentes (147-152).
Suite du Livre des Saints (302-425).

1633. A l'âge de 41 ans.

Les Grandes Misères de la Guerre (564-581).
Les deux Combats ou Rencontres de Cavalerie (595-596).
Suite du Livre des Saints (302-425).

1634. A l'âge de 42 ans.

L'Annonciation (71-72).
Les Annonciations douteuses (73-74).
La Vie de la Sainte Vierge (76-89).
Titre des Règles de la Congrégation de Notre-Dame (200).
Suite du Livre des Saints (302-425).
Les Exercices militaires (582-594).
Les Fantaisies (868-881).

1635 (*). A l'âge de 43 ans.

Le Nouveau Testament (37-47).
Parabole de l'Enfant prodigue (53-63).
Saint Jean prêchant dans le désert (4).
La Tentation de Saint Antoine dédiée au duc de la Vrillière (139).
Titre du Règlement des Pénitents blancs (199).
La Petite Treille (710).

(*) Toutes les pièces comprises sous ce millésime ont été publiées en 1635 ; mais il est probable que plusieurs d'entre elles ont été gravées à la fin de l'année précédente, puisque Callot est mort le 24 mars 1635.

LISTE

DES PIÈCES GRAVÉES PAR CALLOT

EN LORRAINE

APRÈS SON RETOUR D'ITALIE

ET QUI ONT ÉTÉ CHIFFRÉES PAR FAGNANI.

---

§ I. Sujets religieux.

Le Nouveau Testament, nos 37-47..

La Grande Passion, nos 12-18.

La Petite Passion, nos 19-30.

Les Quatre Banquets, nos 48-51.

La Vie de l'Enfant prodigue, nos 53-63.

La Vie de la Vierge, nos 76-89.

Les Grands Apôtres, nos 104-119.

Le Martyre des Apôtres, no 120-135.

Les Péchés capitaux, nos 157-163.

La Lumière du Cloître, nos 234-260.

§ II. Sujets profanes.

Les Exercices militaires, nos 582-594.

Les *Balli*, nos 641-664.

Les Gueux, nos 685-709.

Les *Varie Figure*, nos 730-746.

Les Bossus, n°s 747-767.

Les Caprices gravés à Nancy, n°s 768-867.

Les Fantaisies, n°s 868-881.

Callot n'avait pas l'habitude de numéroter les pièces des suites qu'il gravait. Les numéros qu'on voit sur les suites gravées en Italie y ont été ajoutés par les éditeurs des livres que ces suites étaient destinées à décorer. Quant aux numéros qui se lisent sur les Tableaux de Rome, suite qui date des commencements de Callot, ils ont été ajoutés après la mort de l'artiste.

Le numérotage des suites gravées à Nancy, postérieurement à l'année 1630, a été opéré par Israël Henriet, au moment même de la publication de ces estampes.

A l'égard des suites, originairement sans numéros, qui ont été gravées en Lorraine, de 1622 à 1630, et dont les planches ont été achetées après la mort de Callot, par Israël Henriet, elles passèrent, dans cet état, entre les mains de son neveu, Israël Silvestre, qui les conserva, ainsi, jusqu'à sa mort arrivée en 1691.

Presque toutes ces suites figurent dans l'inventaire dressé le 10 décembre 1681, après la mort d'Israël Silvestre (Voyez page 34*). Ces planches restèrent sans emploi jusqu'au partage fait le 1er mai 1699 entre les héritiers. Ce fut vers cette époque, c'est-à-dire, au commencement du XVIIIe siècle, que M. de Logny, gendre de Silvestre, vendit toutes les planches de Callot qui se trouvaient dans la succession de son beau-père à Fagnani, orfèvre et brocanteur, qui, pour se reconnaître dans les suites, fit chiffrer toutes les pièces dont elles se composaient, dans un ordre qui n'est pas toujours le plus logique. On comprend que ces numéros, ainsi ajoutés plus de 60 ans après la mort de Callot, sont un indice certain de la faiblesse du tirage qu'ils révèlent. C'est par ce motif que nous avons cru devoir, comme l'avait déjà fait Gersaint dans le Catalogue de Quentin de Lorangere, donner la liste de toutes les suites chiffrées par Fagnani.

La liste donnée par Gersaint est inexacte. Toutes les suites chiffrées par Fagnani n'y figurent pas ; d'un autre côté, Gersaint y a inséré, à tort, la Noblesse (n°s 673 à 684) et le Combat à la Barrière (n°s 492 à 505). Ces suites n'ont jamais été chiffrées.

En comparant la liste des suites chiffrées par Fagnani avec l'inventaire de 1691, que nous transcrivons ci-après, on reconnaîtra facilement quelles sont les suites qui ont reçu des numéros du vivant de Callot, et celles qui ont été chiffrées longtemps après sa mort.

EXTRAIT DE L'INVENTAIRE

DRESSÉ APRÈS LE DÉCÈS D'ISRAEL SILVESTRE,

Par Me Moulineau, notaire à Paris, le 10 décembre 1691, comprenant la liste de toutes les planches de Callot qui ont été vendues à Fagnani.

Les numéros entre parenthèses sont ceux de notre Catalogue.

	Prisée.	
La grande Chasse (711)	8#	»s
Le Catafalque (597).	»	40
La Rue de Nancy (621)	6	»
Le Parterre de Nancy (622)..	6	»
Le Saint Anselme (*St Nicolas*) dans un bois (140).	6	»
La Descente dans l'ile de Ré (523 ou 533).	»	40
Deux vues de Paris (713-714).	10	»
Un saint Sébastien (137).	10	»
Un Jeu de boules (623).	3	»
Onze planches des Médailles (603-614). . .	22	»
La Tentation de saint Antoine (139)	100	»
Le Combat de Veillane (509).	12	»
Le Triomphe de la Vierge (100).	12	»
Six planches de Bréda (510)	100	»
La Thèse (615).	15	»
La Foire de Nancy (625).	30	»
Le Souper de la Vierge (65).	3	»
Le Passage de la mer rouge (1)	»	100

Les Supplices (665).	» ff	100 s
Les martyrs du Japon (155).	»	20
Le Bataillon (556)	3	»
La Petite vue de Paris (712)	»	100
La Petite Foire *ou Treille* (710).	»	100
Le Petit saint Pierre (101)	»	20
Le Petit Martyre de saint Laurent (136) . .	»	20
Le Petit saint François (143).	»	20
Le Petit prêtre (154).	»	20
Les Sept péchés mortels (157-163).	3	10
Les Pénitents (147-152)	15	»
Cinq planches de la Petite Passion en ovale (31 à 36).	10	»
Les Emblêmes du cloître en 27 planches (234-260)	10	»
Les 24 Petits Pantalons (641-664).	20	»
L'Enfant prodigue, contenant 11 planches (53-63)	30	»
Les Emblêmes de la Vierge en 27 planches (207-233)	10	»
Les Bossus en 20 planches (747-767). . . .	20	»
La vie de la sainte Vierge, de Ramberviller en 9 planches (90-99)	12	»
Les Caprices en 50 planches (768-867). . .	12	»
11 planches du Nouveau Testament (37-47)	40	»
4 planches de paysages (715-718).	4	»
2 — des Innocents (5 et 6).	6	»
6 — de fileuses (1209-1219).	4	»
7 — des Petites Misères de la guerre (557-563)	20	»

12 planches de la Petite passion (19-30) . .		12#	»s
17	— des *Varie figure* (730-746) . . .	50	»
4	— des Petits Soupers (48-51). . .	»	20
12	— de paysages d'après Callot (1187-1198).	48	»
14	— de la Vie de la Vierge (76-89).	35	»
16	— du Martyre des apôtres (120-135)	55	»
13	— des Fêtes mobiles (302-425). .	6	10
12	— de la Noblesse (673-684). . . .	6	»
16	— des Grands apôtres (104-119) .	24	»
25	— des Gueux (685-709).	25	»
18	— des Grandes Misères de la guerre (564-581).	70	»
7	— de la Grande Passion (12-18) .	14	»
4	— des Egyptiens (667-670)	8	»
121	— des saints de l'année (302-425).	80	»
10	— du Carrousel de Nancy (490-505)	10	»
3	— des Grands Pantalons (627-629)	3	»
29	— de l'art militaire et des Fantaisies, ensemble (582-594—868-881).	55	»
Deux Petits Pantalons (626)		»	40
Le portrait de Callot *par Michel Lasne* (page 38*)		»	20
Le tombeau de Callot *par Bosse* (page 39*)		»	40

PORTRAITS DE CALLOT

PAR SES CONTEMPORAINS.

Par Lucas Vorsterman.

A mi-corps dirigé à gauche et regardant à droite, Callot grave une planche appuyée sur une table, et qu'il retient de la main droite. Il est revêtu d'un riche costume; une chaine d'or, à laquelle est attaché le portrait du Grand duc de Toscane, tombe sur sa poitrine. On lit dans la marge : **IACOBVS CALLOT** | CALCOGRAPHVS AQVA FORTI NANCEII IN LOTHARINGIA : | NOBILIS. A gauche, en deux lignes : *Ant. van Dyck pinxcit.* | *L. Vorsterman sculp.* (les lettres L V du nom de Vorsterman sont accouplées); et, à droite : *Cum priuilegio.*

Hauteur : 255 *millim. dont* 19 *de marge. Largeur :* 170 *mill.*

On connaît cinq états de cette planche qui a été gravée en 1626.

I. On ne voit qu'une ligne de titre en capitales; c'est celle où on lit : **IACOBVS CALLOT.** Plus bas, à gauche : *Ant. Van Dyck pinxcit;* à droite : *Mart. Van den Enden excudit Cum priuilegio.* En cet état de la planche, on ne voit pas encore le nom de Vorsterman. — *Extrêmement rare.*

II. Même titre, même adresse, mais au-dessous du nom de Van Dyck, on lit : *L Vorsterman* (ut suprà) *sculp.* — *Très-rare.*

III. Le titre, en capitales, est gravé en deux lignes; les mots CALCOGRAPHVS AQVA FORTI NANCEII IN LOTHARINGIA ont été ajoutés ; l'adresse de ***Martin Van den Enden*** a été effacée ; mais on ne voit pas encore les lettres G. H. et le mot NOBILIS qui forme la troisième ligne dans les états postérieurs. On ne connaît qu'une seule épreuve de cet état ; elle est mentionnée par M. Weber comme faisant partie de la collection de M. de Liphart à Dorpat.

IV. Il y a trois lignes de titre, en capitales ; le mot NOBILIS a été ajouté et forme la troisième ligne. On lit, à la droite du bas, les lettres G. H.

V. C'est celui qui est décrit ; les lettres G. H. qu'on voit dans le quatrième état ont été effacées. En cet état, la planche se conserve à la Chalcographie du Louvre.

Ce portrait a été copié plusieurs fois, et notamment par Jacques Lubin, dans le sens de l'original. Cette copie de Lubin gravée dans un ovale, mais sans les mains de Callot, décore les Hommes illustres de Ch. Perrault.

Par Michel Lasne.

Callot, plus âgé, est dirigé à gauche et regarde à droite. La chaîne dont il a été parlé dans le portrait d'aprés Van Dyck est passée, en sautoir, sur l'épaule droite. Ce portrait est gravé dans une bordure ovale entourée d'un animal fantastique dont les griffes soutiennent un cartouche aux armes de Callot, et dans lequel on lit, en cinq lignes : *En Miraculum Artis, et Nature ; Hic delineat, et incidit | in œre paruo quidquid magnificum Natura fecit ; imò | perficit illa omne opus suum cum dextera tanti viri ; | vndè meritò creditur cœlestium Idearum vnicus hæres | Israel amicus optimus excudit.* — On lit autour de l'ovale : IACOB' CALLOTVS NOBILIS *An.*

AEt. suæ 36. 1629. **LOTHARINGVS CALCOGRAPHVS** — et, dans la marge : *M Lasne* (les lettres M et L sont accouplées) *delineauit et fecit.*

Hauteur : 159 *millim. dont* 3 *de marge. Largeur :* 111 *mill.*

Cette planche a été souvent copiée ; il y en a des reproductions en contre-partie.

Par Abraham Bosse.

Callot est représenté en buste, vu de trois quarts, dirigé à droite et regardant en face. Ce buste est sur un piédouche entouré d'une bordure ovale au-dessus du tombeau de l'artiste en forme de retable. Ce tombeau est entouré de petits anges et surmonté d'une Renommée. On lit au bas, dans un cartouche d'ornements, l'épitaphe suivante qui diffère entièrement de l'épitaphe véritable rapportée p. 129 de notre Biographie de Callot : A la Postérité. | *Passant jette les yeux sur cette escriture, quand tu sçauras de combien mon voyage a esté aduancé, tu ne seras pas marri que ie retarde un peu le tien : Ie suis Iacques Calot ce grand et excellent calcographe qui repose en ce lieu en attandant la résurrection des corps. Ma naissance fut mediocre, ma condition noble, ma vie courte et heureuse ; mais ma renommée a esté et sera sans pareille ; personne ne m'a esté esgal en toute sorte de perfection pour le dessein et la graueure sur l'airain. Toute la terre a consenti aux louanges extraordinaire qui men ont esté données sans que pour cela ie sois iamais sorti de ma modestie naturelle. Ie nasquis à Nancy l'année 1594. et mouru aussi à Nancy le 23e Mars 1635. au regret incroyable de la Lorraine ma Patrie, et de tous les plus rares esprits de notre siècle, et principalement de Damoiselle Catherine Puttinger, mon espouse, qui pour un dernier tesmoignage d'amitié m'a faict dresser ce tombeau. Prie Dieu pour celuy qui ne te priera iamais de rien et passe.* On lit au bas : *Cum priuilegio Regis. — Bosse fecit. Israel excud.*

Hauteur : 242 millim. Largeur : 140 millim.

On connaît quatre états de cette planche :

I. Avant toute lettre. — *Très-rare.*

II. Avec l'épitaphe ; mais avant l'*excudit* d'Israël.

III. C'est l'état décrit.

IV. On lit, autour de la bordure : IACQUES CALLOT NOBLE LORRAIN, et, sous le piédouche : *An AEtatis* 42. En outre, l'*excudit* d'Israël a été effacé et remplacé par : *Fagnani exc. rue des Prouueres.*

ŒUVRE DE JACQUES CALLOT.

SECTION PREMIÈRE.

HISTOIRE SAINTE ET SUJETS DE DÉVOTION.

§ I.

ANCIEN ET NOUVEAU TESTAMENT.

1. *Le Passage de la Mer rouge* (*).

Le peuple de Dieu occupe le devant de l'estampe, où l'on remarque Moïse et Aaron. Au fond, à gauche, se voit la mer engloutissant l'armée de Pharaon. On lit sur la terrasse, à droite : *Callot. f.* et dans la marge : *Tabulam Hanc Æream Proprio et Exquisito Marte Incisam Jacobus Calottus Nobilis Lotharingus Dono Dedit Israeli Henrichetto Opus | Perfectissimum Amicorum Optimo et Sincerissimo. | Israel exc.* 1629 *Parisijs.*

(*) Cette pièce a été copiée.

Largeur : 230 millim. Hauteur : 125 millim., dont 9 de marge.

On connaît cinq états de cette planche :

I. Le flot, ou la vague, qui s'élève de la mer à peu près au milieu de la composition, vers la gauche et près d'un rocher, est dans son intégrité. — *Rare.*

II. Un accident a effacé la partie supérieure de ce flot qui était, dans le premier état, d'une hauteur à peu près égale à celui qui se voit tout à fait à gauche. Après cet accident, le flot de droite est beaucoup moins élevé et comme inachevé. Dans les bonnes épreuves on voit encore des traces sensibles de sa sommité.

III. La portion tronquée du flot a été rétablie dans le sentiment du maître. Dans les bonnes épreuves de cet état on ne remarque aucune trace du raccord qui s'aperçoit dans les autres. Le nom de *Fagnani* a été substitué à celui d'*Israel.* On ne voit pas encore le nom et l'adresse de Mme Vincent.

IV. Indépendamment du nom de *Fagnani*, on lit au bas de la marge, à gauche : *chez Md. Vincent proche St. Benoit. ruë St. Jacques. a Paris*

V. Cette dernière adresse a été enlevée, non sans laisser des traces visibles.

Les épreuves des deux derniers états proviennent d'une planche entièrement ruinée.

2. *Elie et la veuve de Sarepta, ou le Miracle d'Elie* (*).

Morceau improprement appelé la *Glaneuse,* la *Grange* ou la *Petite ferme,* dans lequel on remarque à gauche

---

(*) Il existe une copie de cette pièce en contre-partie. — Voici ce qu'on lit dans les notes de Mariette au sujet de l'original et de la copie :

« Cette pièce, plus connue parmi les curieux d'estampes par le

le prophète Elie s'entretenant avec la veuve de Sarepta qui ramasse du bois et dont la demeure se voit à droite. Derrière la veuve, un enfant porte du bois. Morceau anonyme. — *Rare.*

Largeur : 142 *millim. Hauteur :* 94 *millim., dont* 6 *de marge blanche.*

3. *L'Enfant Jésus* (*).

Il est debout, tourné à gauche et regardant de face, la tête environnée de rayons, en avant d'une table où se voit, outre un vase de fleurs posé sur deux livres, une tête de mort sur laquelle il est accoudé du bras gauche. Il tient de la main droite une croix patriarchale et foule aux pieds le péché sous la forme d'un dragon ailé. On lit, à droite, au niveau de la pente du tapis qui recouvre la table : *I : Callot.*

Hauteur : 71 *millim. Largeur :* 58 *millim.*

---

nom de la *Ferme*, à cause qu'elle en représente une vue, est aussi de l'invention de Callot et de sa gravure à l'eau forte. Celle qui est à côté (dans l'œuvre de Mariette) n'en est qu'une copie qu'on peut reconnaître à ce qu'on y a mis au bas les premières lettres du nom de Callot (*I. C.* suivi de *invent.*), ce qui n'est pas dans l'original, lequel est certainement du même temps que les Caprices de Florence.

« Sans nom ni marque. Elle est une des plus rares de l'œuvre, surtout belle épreuve. Dans l'original, Elie tient son bâton de la main droite, ce qui est le contraire de la copie, où l'on a ajouté, dans le fond, trois femmes rassemblées autour d'un cuvier. L'on a mis à la copie le nom de Callot, et ce qui fait qu'on pourrait s'y méprendre, c'est qu'elle n'est pas mal exécutée. »

(*) Cette pièce se rencontre souvent en tête ou à la suite des sept péchés capitaux.

On connaît deux états de cette planche :

I. Avant le nom de l'artiste. — *Très-rare.*

II. C'est celui qu'on vient de décrire.

4. *Saint Jean prêchant dans le désert* (*).

On lit à la gauche du bas : *Callot fec.*

Largeur : 90 *millim. Hauteur :* 74 *millim., dont* 6 *de marge blanche.*

5. *Le Massacre des Innocents (1re planche)* (**).

La scène principale se passe dans une grande rue bordée, de chaque côté de l'estampe, par des monuments somptueux et terminée au fond par un obélisque, un temple en rotonde et deux montagnes, dont la plus haute occupe la droite. — Composition dans un ovale en hauteur. — *Très-jolie pièce.*

Dimensions de la composition : *Hauteur :* 135 *millim. Largeur :* 102 *millim.*

Et de la planche : *Hauteur :* 139 *millim. Largeur :* 107 *millim.*

On connaît deux états de cette planche.

I. Avant toute lettre. — *Rare.*

II. On lit vers le bas de la composition, à gauche : *Callot fe;* à droite : *Israel ex,* et un peu plus bas, au milieu : *Cum priuil. Regis.*

(*) Cette pièce, gravée dans le goût du Nouveau Testament (Voyez n° 37-47), se trouve souvent jointe à cette suite, dont elle ne fait cependant pas partie.

Elle a été copiée en contre-partie.

(**) Cette pièce, dont le dessin est au Louvre, n° 12,513, a été imitée en contre-partie et dans de plus fortes dimensions. Il en existe aussi une copie dans le sens de l'original.

6. *Le Massacre des Innocents (2e planche).*

La planche du numéro précédent passe pour avoir été gravée à Florence. Soit qu'elle ait été momentanément égarée, soit pour tout autre motif, Callot grava une seconde fois, à Nancy, la composition en question, mais d'une pointe moins délicate et d'un ton moins harmonieux. Cette composition est dans le sens de l'autre et présente des différences sensibles dans les fonds. Ainsi, dans la planche gravée à Florence, il y a quatre petites statues sur l'édifice le moins élevé, à côté du temple en rotonde, tandis que la planche de Nancy n'en a que trois. Dans cette dernière, on voit, au fond, un pont qu'on n'aperçoit pas dans la première. Il y a aussi des différences sur les premiers plans. La plus remarquable de ces dernières résulte de ce qu'un bourreau, vu par le dos, levant devant lui un enfant par les pieds, au-delà d'une marche à droite sur le second plan, n'a pas un corps d'enfant gisant derrière lui, comme dans la première planche. — *Jolie pièce.*

Dimension de la composition : *Hauteur :* 132 *millim. Largeur :* 102 *millim.*

Et de la planche : *Hauteur :* 136 *millim. Largeur :* 110 *millim.*

On connaît deux états de cette planche :

I. Avant toute lettre. — *Rare.*

II. On lit dans l'angle bas de la gauche ; *Jac. Callot fe.* (*).

(*) Israël Silvestre a possédé les deux planches de ces compo-

7. *L'Ecce-Homo.*

Notre-Seigneur debout à droite, sur une espèce de perron, est présenté au peuple assemblé à gauche. On lit dans la marge ces vers en deux colonnes :

Quid furis immiti nimium, fera turba, tumultu?
Ecce Homo, sed genitor cui deus ipse Deo.
Quiduc sitis largos imbres, heu seua, cruoris,
Stillula si sordes una lauare potest?

Suivis de : *HVMANISSIMO VIRO D : FRANCISCO SPILIATO HANC PIAM REDEMPTORIS IMAGINEM. Fr Ioa' : Maria Burellius Seruita Dicauit.* 1613. *Ia. Callot F.* Morceau, gravé au burin, qu'on dit être d'après *Stradan.*

Hauteur : 313 *millim. dont* 25 *de marge. Largeur :* 243 *millim.*

---

sitions, car elles figurent l'une et l'autre dans l'inventaire dressé après son décès en 1691 (Voyez ci-dessus, page 24 et suiv.)

Voici ce qu'on lit dans les notes manuscrites de Mariette, à propos des nos 5 et 6, de l'œuvre : « Cette planche, que je crois avoir été gravée la première, et qui, à mon avis, est beaucoup mieux que l'autre, d'une manière plus fine et en même temps plus terminée, ne porte pas le nom de Callot. On peut la reconnaître aux signes suivants : les terrasses et les bâtiments sont ombrés avec des traits plus fins, plus serrés et moins raides, je veux dire moins tirés à la règle que l'autre. J'y vois aussi de plus que dans l'autre un enfant couché par terre, aux pieds d'un soldat qui est sur le second plan, et qui, vu par le dos, tient un enfant suspendu en l'air par les deux pieds. Plus j'examine, plus je la trouve mieux, je la crois même gravée en Italie ou peu après le retour de Callot en Lorraine. » (folio 62).

On connaît quatre états de cette planche qui existe encore chez M. Leloutre, marchand à Paris.

I. On lit seulement les vers latins ci-dessus rapportés et la date de 1613. Il n'y a encore ni dédicace, ni le nom de Callot (*). — *Extrêmement rare.*

II. C'est celui qui vient d'être décrit. Il n'y a pas d'écusson armorié dans la marge. — *Très-rare.*

III. Au milieu de la marge on voit un écusson garni d'une tour avec donjon crénelé. On lit d'ailleurs à droite de cette marge : *Cum priuil. | Regis.*

IV. On lit à gauche de la marge, à la suite du nom de l'artiste : *P. Mariette ex.*

8. *Autre Ecce Homo.*

Pièce également gravée au burin, mais beaucoup plus petite que la précédente. Elle est à trois personnages ; le Christ au milieu, à droite un soldat vu à mi-corps et tenant des verges, à gauche un pharisien portant une longue barbe. Sur une marche, à gauche, vers le bas,

(*) L'indication de cet état, que nous n'avons jamais rencontré, nous est fournie par les notes de Mariette (folio 60), dont nous avons fidèlement reproduit le texte. Mariette ajoute, à propos de cette pièce : « On conjecture que la planche a été gravée en l'année 1613 ou du moins peu auparavant. Baldinucci prétend, et il semble avec raison, qu'il l'a faite à Florence, et que c'est le temps que Callot a pu arriver dans cette ville. La dédicace est adressée à un Florentin par un moine servite. Le dessin paroit être de Stradan, qui étoit pour lors à Florence ; tout cela établit son opinion. — Cependant l'enfer de Dante est daté de 1612. Donc, Callot était déjà à Florence dans cette année. » — Ceci est constant. Callot est arrivé à Florence vers la fin de 1611 et y est resté dix ans.

on lit le monogramme de J. Ant. de Pauli (Brulliot 265), et un peu au-dessous, sur la robe du pharisien : *Iac. Callot Fec.* Au milieu : *ECCE HOMO* et, plus bas, sur une seule ligne :

Dixisti prætor nec turba mouetur. Impia dic flectes forsitan ecce deus

Au-dessous, à droite, *Ioannis Antonii de Paulis for.*, et à gauche, *St. For. Ro. — Très-rare* (*).

Hauteur : 186 millim.? Largeur : 128 millim.

9. *Le Portement de croix* (**).

Le cortége se dirige à droite où l'on voit la Véronique

(*) Cette pièce, inconnue à Gersaint, a été signalée, pour la première fois, lors de la vente de la collection Denon ; elle fait aujourd'hui partie des estampes de la bibliothèque impériale. Elle date évidemment du temps où Callot travaillait à Rome. Le monogramme de Jean-Antoine de Pauli, sur la pièce elle-même, rend très-vraisemblable la supposition qu'elle a été gravée sur son dessin. S'il fallait hasarder une conjecture sur l'époque à laquelle cette pièce a été gravée, nous indiquerions l'année 1611, entre le moment où Callot sortît de chez Philippe Thomassin et celui où il partit pour Florence.

(**) Gersaint décrit ainsi cette pièce :« Un très-petit portement de Croix ovale en largeur, rare et difficile à trouver beau, ayant été fait pour un dessus de reliquaire, ce qui en a beaucoup fatigué et même usé la gravure. L'opinion commune est que cette pièce a été gravée sur argent ; il se trouve quelquefois un même sujet répété, et de la même grandeur, que les uns disent copie, et les autres original, par rapport à quelque différence qui s'y rencontre ; mais cela fait une pièce fort douteuse. »

Le doute n'est pas possible : la pièce signalée par Gersaint est

offrant un suaire au Sauveur qui succombe sous le faix de la croix. La montagne du Calvaire occupe le fond. Ce morceau, ovale en largeur, paraît avoir été gravé en Italie, en même temps que l'assomption au chérubin (n° 100 de l'œuvre) ; il est anonyme. — *Très-rare.*

Dimensions de la composition : *Largeur :* 59 *millim. Hauteur :* 44 *millim.*

Et de la planche : *Largeur :* 65 *millim. Hauteur :* 46 *millim.*

10. *Jésus-Christ en Croix.*

L'arbre de la croix sur laquelle le Rédempteur a rendu le dernier soupir, s'élève au milieu du devant. La sainte Vierge et saint Jean sont debout, aux côtés, et la Madeleine embrasse les pieds du Sauveur. On lit à la droite du bas : *Ia. Callot Sculp* et dans la marge :

Sufficit. exolui. Vitæ est data Regula. mecum.
Si cupias mecum Viuere, disce mori.

Morceau gravé au burin, d'après une estampe de *Raphaël Sadeler,* du dessin de Martin de Vos (*), et dont les bonnes épreuves sont difficiles à rencontrer.

Hauteur : 149 *millim , dont* 15 *de marge. Largeur :* 100 *millim.*

---

une copie en contre-partie qu'on peut attribuer à Cochin le vieux. Elle présente des différences très-tranchées avec l'original. Ainsi, le chien qui se trouve en avant est traité d'une manière différente. Il est élancé dans l'original, tandis qu'il est ramassé dans la copie.

(*) Cette estampe originale de *Raphaël Sadeler* a été vue par Mariette, qui la mentionne au folio 59 de ses notes. La copie faite par Callot date des premiers temps de ses travaux à Rome.

11. *L'Ensevelissement.*

Notre-Seigneur est déposé dans le tombeau, sur le devant de l'estampe où l'on remarque, dans le bas, partie des instruments de sa passion. A la droite du fond se voit la montagne du Calvaire surmontée des trois croix. On lit au bas, à gauche : *I Callot**, *F.* et à droite : *Ventura Salinbenis. in.* Morceau gravé au burin, à peu près dans le même temps que le précédent, et dont les bonnes épreuves sont difficiles à rencontrer.

Hauteur : 170 *millim. Largeur :* 114 *millim.*

12-18. *La Passion de Notre Seigneur* (*).

Suite de sept estampes, dite la *Grande Passion,* qui n'a été chiffrée que lorsque Daumont a possédé les planches. Nous n'aurons aucun égard à l'ordre indiqué par ces numéros.

Largeur : 212 *à* 216 *millim. Hauteur :* 109 *à* 115 *millim., dont* 10 *à* 16 *de marge.*

12. *Le Lavement des pieds.*

(1) On lit à la gauche du bas, au-dessus du trait carré : *Iac. Callot Fec.*, et, dans la marge, d'un corps d'écriture qui n'est pas de notre artiste :

Humilis en Christus : quia aquâ lavat ipse ministros,
Nos autem proprio sanguine mundificat.

Il y a quatre états de cette planche :

I. La marge est blanche. — *Très-rare.*

II. C'est celui qu'on vient de décrire.

(*) Cette suite a été copiée.

III. La planche a été retouchée dans les fonds ; le trait carré supérieur, devenu faible dans le second état, a été renforcé, surtout vers le milieu et à l'angle droit du haut. Les tailles croisées ont été prolongées partout jusqu'à ce nouveau trait ; les tailles simples des fonds ont été renforcées.

IV. Les mots : ***Iac. Callot Fec.*** à la gauche du bas de la composition ont été à peu près enlevés ; les inscriptions de la marge sont celles-ci, à gauche : *Gravé par Callot,* à droite : *à Paris chés Daumont,* et au milieu : *Jésus-Christ lavant les pieds à ses Apôtres.* — Plus loin on lit le n° 2.

13. *La Cène.*

(2) On lit à la droite du bas : *Callot f*, et dans la marge :

Christe tuis en pascis oues hic carnibus, ipse
et Cibus, et Pastor, moxque futurus Ouis

Il y a quatre états de cette planche :

I. C'est celui qui vient d'être décrit.

II. On lit de plus dans la marge, savoir, à gauche : *Israel Siluestre ex.*, et à droite : *Cum priuil. Regis.*

III. La planche a été retouchée ; l'*excudit* de Silvestre a disparu, ainsi que le *Cum priuil. Regis.* On lit au milieu de la marge : *Chez Md Vincent, proche St Benoit, rue St Jacques, à Paris.*

IV. Les inscriptions de la marge sont celles-ci, à gauche : *Gravé par Callot,* à droite : *à Paris, chés Daumont,* et au milieu : *Jésus-Christ faisant la Cène avec ses Apôtres.* — *Plus loin* le n° 1.

14. *La Condamnation à mort.*

(3) On lit à la gauche du bas : *Callot fec.,* et dans la marge :

Non lauat ille manus, sed Christi sanguine foedat,
Nulla potest tantum lympha lauare Scelus.

Il y a deux états de cette planche :

I. C'est celui qui vient d'être décrit. — Il ne paraît pas que madame Vincent ait fait retoucher cette planche lorsqu'elle est venue en sa possession ; mais, dans les épreuves tirées pour son compte, on n'aperçoit plus le tracé des lettres ; ces épreuves sont d'ailleurs grisâtres et dures.

II. Les mots : *Callot fec.* ont été enlevés; les inscriptions de la marge sont celles-ci, à gauche : *Gravé par Callot,* à droite : *à Paris chés Daumont*, et au milieu : *Jésus-Christ condamné à la mort.* — Plus loin on lit le n° 5.

15. *Le Couronnement d'épines* (*).

(4) Morceau sans nom ni marque, dont le fond, à droite, n'est pas fini.

Il y a trois états de cette planche :

I. C'est celui qu'on vient de décrire.

II. La planche a été terminée par une main inconnue et retouchée dans toutes ses parties. La marge est encore entièrement blanche et toujours sans aucun nom.

III. On lit dans la marge, à gauche : *Gravé par Callot,* à

(*) M. de Heinecken cite une épreuve « où l'entrée de *la salle* est blanc, de sorte qu'on n'y remarque pas les maisons et les degrès qu'on monte. » Cette description ne nous paraît pas impliquer l'existence d'un état particulier. Elle est d'ailleurs inexacte. La scène ne se passe pas dans une salle, mais sur un palier, à l'air libre, dominé à gauche par un balcon. Du reste, les particularités signalées par M. de Heinecken se trouvent dans toutes les épreuves du premier état que nous avons rencontrées. Quoique ces épreuves ne soient pas communes, elles ne sont cependant pas très-rares; mais ce qui est d'une grande rareté, c'est, comme le remarque Mariette (fol. 60), « d'en trouver une épreuve bien imprimée, la planche ayant manqué à l'eau forte dans une partie. »

Il est vraisemblable que cette planche a été abandonnée par l'artiste. Elle a été terminée et retouchée plus de cent ans après sa mort.

droite : *à Paris chés Daumont*, et au milieu l'inscription : *Jésus-Christ Couronné d'Épines*, avec le n° 3.

16. *La Présentation au peuple.*

(5) On lit au bas, vers la gauche, sur la tranche d'une marche sur laquelle un Juif élève une grande croix : *Callot f* et dans la marge :

Purpurea quid opus ueste? heu! num cernis ut illi
Omnia purpureo membra cruore rubent?

Il y a trois états de cette planche :

I. C'est celui qui vient d'être décrit.

II. La planche a été retouchée dans toutes ses parties et principalement dans les fonds. Entre autres différences, on remarque que, dans le premier état, les traits perpendiculaires qui traversent l'archivolte de la fenêtre la plus rapprochée de la Croix se prolongent jusqu'à la corniche de cette fenêtre, de manière à former des hachures carrées dans le centre, tandis que, dans le second état, le cintre ne renferme que des traits horizontaux.

III. Les mots : *Callot f.* ont été enlevés, non sans laisser des traces; les inscriptions de la marge sont celles-ci, à gauche : *Gravé par Callot,* à droite : *à Paris chés Daumont*, et au milieu : *Jésus-Christ exposé au Peuple.* — Plus loin le n° 4.

17. *Le Portement de Croix.*

(6) On lit à la gauche du bas : *Jac. Callot In. et Fe.,* et dans la marge :

Quid Simon huic tentas onerj succedere, solus
Ille potest tantæ pondera ferre crucis

Il y a trois états de cette planche :

I. C'est celui qui vient d'être décrit.

II. La planche a été retouchée, surtout dans les fonds. Les différences, quoique nombreuses, sont difficiles à caractériser.

III. Les mots : *Iac. Callot In. et Fe.* ont été enlevés. Les inscriptions de la marge sont celles-ci, à gauche : *Gravé par Callot,* à droite : *à Paris chés Daumont,* et au milieu : *Jésus-Christ portant sa Croix.* — Plus loin le nº 6.

18. *Le Crucifiement.*

(7) On lit à la droite du bas : *Callot In.* (*), et dans la marge :

Heu! quod certamen! quæ palmæ! quiue triumphi!
et tamen hic mortem, Tartaraq ima domat.

Il y a deux états de cette planche :

I. C'est celui qui vient d'être décrit.

II. Les mots : *Callot In.* ont été enlevés. Les inscriptions de la marge sont celles-ci, à gauche : *Gravé par Callot,* à droite : *à Paris chés Daumont.* Au milieu devait se trouver une inscription que nous n'avons jamais vue.

Malgré les nombreux états qu'on signale pour chaque pièce de

(*) La mention *Callot In.* pourrait s'interpréter en ce sens, que cette pièce aurait été gravée par une main étrangère sur les dessins de Callot. Il ne serait pas impossible qu'elle fût d'Israël Silvestre.

Lorsque nous exprimions cette conjecture, nous n'avions pas encore connaissance de la note suivante de Mariette, qui confirme notre opinion : « M. Verdue, qui a appris à dessiner de M. Silvestre, m'a dit qu'il lui avait entendu dire plusieurs fois que cette pièce du crucifiement n'était pas entièrement gravée par Callot; qu'il n'y avait fait que peu de choses et que c'était lui, Silvestre, qui l'avait rachevée sur le dessin de Callot. Je crois effectivement qu'il a raison. A toutes les autres pièces de la suite, il y a le nom de Callot suivi de ces mots : *fecit* ou *in. et fecit;* à celle-ci on n'a mis que *Callot in.* pour faire connaître qu'il n'en est que l'inventeur. » (Notes manuscrites, folio 60.)

cette suite, on se tromperait gravement si l'on croyait pouvoir faire un choix parmi les états postérieurs au premier. Les épreuves de ce premier état sont même loin d'être également bonnes ; en tout cas, c'est le seul qui mérite d'être conservé. Les épreuves provenant des planches usées par un prodigieux tirage, ou retouchées, sont sans aucune espèce d'effet.

Outre les sept pièces ci-dessus décrites, Gersaint en indique une huitième dans les termes suivants : « Une des pièces de la grande passion représentant la Cène, faite seulement au trait, sans aucune différence dans la composition et portant le nom de Callot, mais qui paraît n'en point être ; elle est assez rare. » Nous ne l'avons pas rencontrée, mais il est présumable qu'elle a été faite par un anonyme sur les dessins de Callot. On lit en effet dans Félibien que la Grande passion a été gravée *(probablement à Nancy)* sur des dessins faits à Florence et qui existaient encore à Paris du temps de Félibien (*). Cet auteur ajoute :« Il (Callot) n'a gravé que sept pièces, et l'on ne sait par quelle rencontre ce travail est demeuré imparfait. Il serait difficile, en gravant les dessins qui ne l'ont pas été, d'en conserver l'esprit et la beauté et de ne pas les rendre fort différents de ceux de Callot. » Gersaint place aussi la Grande Passion parmi les meilleures suites de Callot (Catalogue de Lorangère, page 57).

On ajoute quelquefois à cette suite une Descente de croix gravée par Charles François Silvestre, fils aîné d'Israël, d'après un des dessins dont parle Félibien (**). Ce dessin s'est trouvé, en 1811,

---

(*) Une partie de ces dessins a été possédée par Mariette ; ils sont aujourd'hui au Louvre dans le volume portant le n° 12,513. Le dessin représentant le lavement des pieds (n° 12 de l'œuvre) est décrit dans le Catalogue de M. Paignon-Dijonval n° 2056, et a dû passer en Angleterre avec la collection rassemblée par cet amateur.

(**) M. Bénard annonce qu'il existe des épreuves avant la lettre

à la vente du cabinet de M. Jacques Augustin de Silvestre, où il est annoncé sous le n° 254, page 49 du Catalogue. Une mention manuscrite sur l'exemplaire de ce Catalogue, qui se trouve en notre possession, annonce que le dessin en question a été adjugé moyennant cinquante-deux francs avec vingt-quatre feuilles d'études ou de croquis à la plume ou au crayon, tous de la main de Callot.

Un autre morceau attribué à Callot, mais qui n'est certainement pas de lui, se joint aussi à cette suite ; c'est une prière au jardin des Oliviers (Voy. aux pièces faussement attribuées à Callot).

19-30. *La Passion de Notre-Seigneur* (*).

Suite de douze estampes, dite la *Petite Passion,* à cause de la dimension des pièces qui la composent.

Hauteur :* 75 *à* 78 *millim. Largeur :* 55 *à* 60 *millim.

---

de ce morceau (Catalogue de Paignon-Dijonval, n° 5834). Elles sont très-rares ainsi. — Mariette dit, en parlant de cette pièce : « On ne la trouve pas avec le reste de la suite, car c'est M. Silvestre qui en a la planche et l'on en voit peu d'épreuves. Ce Silvestre est celui qui est maître à dessiner des pages du Roi. » (Notes manuscrites, folio 60.)

(*) Cette suite a été imitée et copiée plusieurs fois. Une de ces copies est trompeuse.

M. de Heinecken dit (t. 4, p. 498) qu'il y a deux différents exemplaires de cette suite « dans l'un, le nom de Callot qui est d'ailleurs partout, ne se trouve pas au Lavement des pieds (ceci est inexact. Voyez la description ci-dessus), et, dans l'autre, tous les morceaux portent le nom de Callot, mais d'un caractère différent qui ne paraît pas être celui de Callot. »

Cette explication donnerait à penser que la suite appelée la Petite passion a été gravée deux fois par le maître. Il n'en est rien. La suite où tous les morceaux portent le nom au bas n'est qu'une copie trompeuse.

A l'exception du n° 6, dont nous indiquerons les états en son lieu, on connaît deux états de ces planches, qui sont chez M. Leloutre, marchand à Paris.

I. Avant les noms de l'auteur et de l'éditeur, et le *Cum priuilegio Regis,* au bas du premier morceau et avant les numéros.

II. Avec ces mots : *J. Callot in. et fe. Israel Siluestre excudit, cum priuilegio Regis,* au bas du premier morceau. Cet état est chiffré, de 1 à 12, à la droite du bas.

19. *Notre-Seigneur lave les pieds à ses Apôtres.*

(1) On lit sur la frise d'un pilier en ruine s'élevant à droite : *Callot F.*

20. *Il célèbre la Cène.*

(2) On lit sous les pieds d'une femme à gauche près de la salle du festin : *Callot f.*

21. *Il est en prières au jardin des Oliviers.*

(3) On lit à gauche, vers le bas, au pied d'un rocher : *Callot f.*

22. *Il est livré aux Juifs.*

(4) On lit à gauche, vers le bas, au-delà d'un soldat : *Callot f.*

23. *Il est condamné à mort par Pilate, qui se lave les mains.*

(5) On lit à droite, vers le bas, en-deça des pieds de deux hommes debout : *Callot F.*

24. *Il est frappé de verges.*

(6) On lit sur le seuil de la tour, à droite vers le bas : *Callot F.*

On connaît trois états de cette planche :

I. Une figure sort de la porte qui se voit à gauche dans la tour;

elle appuye ses deux mains sur le sol Le nom du maître existe. — *Extrêmement rare* (*).

II. Cette figure a été enlevée, non sans laisser des traces de grattoir et de repoussoir. Cet état et le précédent ne sont pas chiffrés.

III. Il est chiffré.

(*) Voici ce qu'on lit sur cette pièce singulière dans les notes manuscrites de Mariette :

« De la suite de la Passion, en 12 sujets, M. de Lorangère a une première épreuve de la planche qui représente la flagellation, laquelle est singulière en ce qu'il s'y trouve un bout de figure de plus, qui, je ne sais par quelle raison, a été effacée depuis par Callot. Elle est placée dans l'ouverture d'une porte qui donne dans la prison, et représente un homme qui fait des fouets; cette figure parut sans doute trop petite à Callot et nuisant à sa composition. — Elle était sur son dessin; car j'ai vu tous les dessins de la petite passion et ceux des quatre banquets, qui lui ont servi à graver, et qui sont de la même grandeur que ses planches. Ils sont au crayon, lavés de bistre et touchés avec un esprit infini; mais comme il n'y a que l'âme, et que rien n'est digéré, il fallait être Callot pour trouver de si jolies choses au bout de sa pointe. Il est pourtant vrai que, pour ces petits dessins, il avoit fait, de chaque figure, des études, comme s'il eût dû les graver en plus grand. J'en ai plusieurs (*ils sont au Louvre n° 12,513*), et qui font voir combien il étoit curieux de bien faire. Il ne reparoitra pas sitôt un tel homme. »

Gersaint annonce que l'épreuve de cet état que possédait M. de Lorangère est unique. Nous ne l'avons vue que dans la collection de M. Robert-Dumesnil. C'est peut-être celle qui faisait partie du cabinet de M. de Lorangère.

25. *Il paraît devant Caïphe, qui l'accuse de blasphème.*

(7) On lit à gauche, vers le bas, au pied d'un socle : *Callot F* (*).

26. *Il est couronné d'épines.*

(8) On lit à gauche, vers le bas : *I. Callot f.*

27. *Il est présenté au peuple.*

(9) On lit à gauche, vers le bas : *I. Callot f.*

28. *Il porte sa croix.*

(10) On lit à gauche, vers le bas : *Ia. Callot f.*

29. *Il est élevé en croix.*

(11) On lit à droite, vers le bas : *Ia. Callot f.*

30. *Il est percé d'une lance.*

(12) On lit à gauche, vers le bas : *I. Callot f.*

31-36. *Les Mystères de la Passion de Notre Seigneur (treize compositions, six en ovale* de 35 à 36 millim. de haut sur 26 à 28 millim. de large *et sept en rond* de 30 à 31 millim. de diamètre*) et la Vie de la Vierge (sept compositions ovales* de 46 à 48 millim. de haut sur 35 à 36 millim. de large*)* (**).

Suite de six estampes, y compris le titre gravé par

(*) Cette pièce a été mal chiffrée par Fagnani ; elle doit se placer avant le n° 3 de la suite (n° 23 de l'œuvre).

(**) Cette suite a été copiée.

François Collignon (*Abraham Bosse,* suivant Gersaint) et non chiffrées.

31. *Titre.*

(1) Couronne de palmes et de laurier, enrichie de médaillons, offrant les monogrammes de Jésus-Christ et de la Vierge Marie. On lit au centre : « *VARIÆ* | *TVM PASSIONIS* | *CHRISTI,* | *TVM VITÆ BEATÆ* | *MARIÆ* | *Virginis.* | *Israel ex.* » et dans un cartouche au bas : *Cum priuil. Regis.*

Hauteur : 88 *millim. Largeur :* 78 *millim.*

32.

(2) Trois des ovales de la Passion du Sauveur, où on le voit : 1° livré aux Juifs ; 2° présenté à Pilate ; 3° battu de verges. On lit au bas, à gauche : *Callot fecit.,* et à droite : *Israel ex. cum priuil. Regis.*

Largeur : 92 *millim. Hauteur :* 50 *millim.*

On connaît deux états de cette planche :

I. Avant toute lettre; elle contient non-seulement les trois compositions ci-dessus, mais encore les trois du morceau qui suit immédiatement. — *Très-rare.*

Largeur : 182 *millim. Hauteur :* 50 *millim.*

II. C'est celui qui vient d'être décrit.

33.

(3) Trois autres ovales de la Passion du Sauveur, comprenant : 1° le Couronnement d'épines ; 2° la Présentation au peuple ; 3° le Portement de croix. On lit au bas, à gauche : *Callot fecit.,* et à droite : *Israel ex. cum. priuil. Regis.*

Largeur : 90 *millim. Hauteur :* 50 *millim.*

On connaît deux états de cette planche :

I. Avant toute lettre. Voyez ce que nous avons dit en parlant du premier état de la pièce précédente.

II. C'est celui qui vient d'être décrit.

34.

(4) Deux des ronds de la Passion du Sauveur au bas, et qui sont : 1° la Transfiguration ; 2° l'Elévation en croix entre les deux larrons; et deux des ovales de la Vie de la Vierge au haut, qui sont : 1° l'Annonciation ; 2° Jésus disputant dans le Temple avec les docteurs. On lit au bas, à gauche : *Callot fecit.*, et à droite : *Israel ex. cum priuil. Regis.*

Hauteur : 87 *millim. Largeur :* 75 *millim.*

On connaît deux états de cette planche :

I. Avant toute lettre. Elle contient non-seulement les quatre compositions ci-dessus , mais encore les quatre du morceau qui suit immédiatement. — *Très-rare.*

Largeur : 155 *millim. Hauteur :* 87 *millim.*

II. C'est celui qui vient d'être décrit.

35.

(5) Au bas de ce morceau sont deux des ronds de la Passion du Sauveur, représentant : 1° la Descente de croix ; 2° la Résurrection. Au haut sont deux des ovales de la Vie de la Vierge, représentant : 1° la Circoncision ; 2° la Présentation de l'enfant Jésus au grand-prêtre. On lit au bas, à gauche : *Callot fecit.*, et à droite : *Israel ex. cum priuil. Regis.*

Hauteur : 87 *millim. Largeur :* 78 *millim.*

On connaît deux états de cette planche :

I. Avant toute lettre. Voyez ce que nous en avons dit, en parlant du premier état de la pièce qui précède.

II. C'est celui qui vient d'être décrit.

36.

(6) Ce morceau contient, au bas, trois ronds de front de la Passion, présentant : 1° l'Ensevelissement ; 2° le Saint-Esprit descendant sur la Vierge et les apôtres ; 3° la Descente aux limbes ; au

haut trois ovales, aussi de front, de la Vie de la Vierge, présentant : 1° l'Adoration des rois ; 2° la Visitation ; 3° l'Adoration des bergers. Ces sujets sont divisés par un trait de burin qui coupe la planche à égale distance des ronds et des ovales. On lit au bas, à gauche : *Callot fecit,* et à droite : *Israel ex. cum priuil. Regis.*

Largeur : 116 *millim. Hauteur* : 87 *millim.*

On connaît deux états de cette planche :

I. Avant toute lettre. — *Très-rare.*

II. C'est celui qui vient d'être décrit.

Il résulte de la description qui précède que les épreuves de cette suite charmante ne peuvent être bonnes, qu'autant qu'elles sont antérieures à la séparation au moyen de laquelle on a fait cinq planches avec trois. — « Quand vous voudrez, dit Félibien à son interlocuteur en parlant de cette suite, avoir le plaisir d'admirer l'abondance des pensées de cet excellent homme, la fertilité de son génie et cet art admirable qu'il avait à représenter en petit des sujets très-grands et très-amples, vous pourrez considérer ce qu'il a gravé dans de petits ronds, concernant la vie de la Vierge et la passion de Notre Seigneur. » C'est en effet à propos de cette suite qu'on peut dire avec vérité que Callot savait *créer l'espace.*

On rencontre quelquefois des compositions de cette suite dont les épreuves sont plus ou moins privées de marges. Lorsque les épreuves ont été coupées carrément, on reconnaît facilement que le tirage est du premier état, en ce qu'on n'aperçoit aucune trace du nom de Callot ni de celui d'Israël qu'on retrouve toujours, en totalité ou en partie, dans les épreuves modernes, à moins qu'elles n'aient été émargées jusqu'au trait pointillé du rond ou de l'ovale.

Baldinucci prétend que cette suite, qu'il décrit d'ailleurs fort inexactement, a été tirée par Moncornet. C'est une assertion contre laquelle proteste l'*excudit* d'Israël Henriet. Il est bien certain que cette suite n'a pu être possédée par Moncornet, puisqu'elle a passé du fonds de Henriet dans celui de Silvestre et qu'elle figure dans l'inventaire dressé en 1691, après la mort de ce dernier. Cette pièce authentique nous servira à rectifier d'une manière certaine l'erreur de Gersaint, répétée par Heinecken, et qui consiste à dire que Fagnani a fait tronquer, c'est-à-dire, couper ces planches. La vérité est que Fagnani n'y a pas fait toucher le moins du monde, puisque l'inventaire constate que Silvestre possédait *cinq* planches de la petite passion en ovale. Fagnani les a donc reçues après la séparation et l'inscription des noms de Callot et d'Israël sur chaque fragment ; elles sont arrivées jusqu'à nous dans l'état où les avait mises Israël Henriet, et sans aucune altération, autre que celle qui est la conséquence d'un nombreux tirage. — Les cinq planches gravées par Callot sont conservées dans notre cabinet. Nous ignorons quel a été le sort de la planche gravée par Collignon pour servir de titre à cette suite.

Suivant M. de Heinecken, qui copie en partie Gersaint, « les pièces sont imprimées régulièrement sur cinq ou sur trois feuilles. Celles chez Fagnani dont les ovales ne sont plus entiers, ayant été tronquées, sont postérieures. » La mauvaise rédaction du Catalogue de Quentin de Lorangère a induit M. de Heinecken en erreur. Gersaint ayant voulu exprimer que la planche contenant originairement six petits ovales avait été coupée en deux, s'est servi du mot *tronquée ;* ce qui a fait croire qu'il y avait eu altération et non simple division de la planche.

Une des pièces de cette suite (l'Annonciation) a été gravée deux fois séparément avec quelque différence. Il est douteux que ces répétitions soient de Callot. Voyez ci-après nos 73 et 74.

37-47. *Le Nouveau-Testament* (*).

Suite de onze estampes y compris le titre gravé par

(*) Cette suite a été copiée. Le no 4 a été imité par Perelle.

Abraham Bosse et qui porte 84 *millim. de large sur* 61 *millim. de haut.*

Dimensions réduites des autres morceaux : *Largeur :* 83 *à* 87 *millim. Hauteur :* 67 *à* 70 *millim., dont* 3 *à* 9 *de marge.*

37. *Titre.*

Cartouche surmonté d'un chérubin et orné de chaque côté d'une croix, dans le champ duquel on lit : « *Nouueau Testament | faict par Iacques Callot | qui na sceu finir le reste | preuenu de la mort. | l'année* 1635. » Un plus petit cartouche, au milieu du bas, contient ces mots : « *A Paris | Israel Henriet ex. | Cum Priuil. Reg.*

38. *Jésus-Christ au milieu des docteurs.*

(1) On lit dans la marge : *Iesus annorum duodecim in Templo in medio Doctorū sedet. Luc.* 2., puis le chiffre 1. — Morceau anonyme.

On connaît quatre états de cette planche :

I. La marge est blanche. Entre autres différences, on remarque que l'eau forte a manqué son effet à la gauche de l'estampe, au-dessus du dais sous lequel Jésus-Christ est assis : ce qui a occasionné une lacune dans les travaux, qui produit là un clair en désaccord avec les parties environnantes. — *Très-rare.*

II. La marge est encore blanche. Le clair dont nous venons de parler a été couvert de travaux croisés qui l'ont fait disparaître. D'ailleurs, le haut de la frise au-dessus de l'arcade, *à gauche*, a été retouché par des tailles longitudinales au burin.

III. La marge est toujours blanche. Outre les tailles longitudinales dont on vient de parler, on en voit de semblables, au-dessus de l'arcade *à droite.*

IV. C'est celui qui vient d'être décrit.

39. *Il prêche la foule assemblée sur le rivage de la mer.*

(2) On lit à la droite du bas : ***Callot*** et dans la marge : ***Iesus de Simonis Petri nauicula turbas docet. Luc. 5.*** | ***Cum priuilege Reg Israel excū,*** puis le chiffre 2.

On connaît deux états de cette planche :

I. Avec le nom de ***Callot*** à la droite du bas et avec les mots : ***Cum priuilege Reg Israel excū*** au milieu du bas de la marge, mais avant le texte de saint Luc et avant le chiffre 2.

II. C'est celui qui vient d'être décrit.

40. *Il s'entretient avec les Pharisiens, tandis que ses disciples marchent à travers les blés et en cueillent les épis.*

(3) On lit au bas de la composition, vers la gauche : ***Callot*** et dans la marge : ***Iesus Pharisæos ob confricatas in sabbato a Discipulis*** | ***spicas offensos confutat. Matt. 12.*** | ***Cum priuilege Reg. Israel excu,*** puis le chiffre 3.

On connaît deux états de cette planche :

I. Avec le nom de ***Callot*** au bas de la composition, vers la gauche, et avec les mots : ***Cum priuilege Reg. Israel excū*** au milieu du bas de la marge, mais avant le texte de saint Matthieu et avant le chiffre 3.

II. C'est celui qui vient d'être décrit.

41. *Il enseigne ses disciples du haut de la montagne.*

(4) On lit à la gauche du bas : ***Callot*** et dans la marge : ***Jesus electos duodecim Apostolos in monte docet. Matt. 5.*** | ***Cum privilege Reg. Israel excū,*** puis le chiffre 4.

On connaît deux états de cette planche :

I. Avec le nom de ***Callot*** à la gauche du bas et avec les mots : ***Cum privilege Reg. Israel excū,*** au milieu du bas de la marge, mais avant le texte de saint Matthieu et avant le chiffre 4.

II. C'est celui qui vient d'être décrit.

42. *Il écrit son jugement sur la femme adultère.*

(5) On lit dans la marge : ***Jesus adductam ad se mulierem adulteram absoluit. Ioan.*** 8., puis le chiffre 5. — Morceau anonyme.

On connaît deux états de cette planche :

I. La marge est blanche.

II. C'est celui qui vient d'être décrit.

43. *Il sort du temple et évite d'être lapidé.*

(6) On lit à la droite du bas : ***Callot*** et dans la marge : ***Iesus docens in Templo lapidantium se manibus eripit. Ioan.*** 8 | ***Cum priuilege Reg. Israel excū,*** puis le chiffre 6.

On connaît deux états de cette planche :

I. Avec le nom de ***Callot*** à la droite du bas et avec les mots : ***Cum priuilege Reg. Israel excū,*** au milieu du bas de la marge, mais avant le texte de saint Jean et avant le chiffre 6.

II. C'est celui qui vient d'être décrit.

44. *Il ressuscite Lazare.*

(7) On lit dans la marge : ***Jesus quatriduanum Lazarum a mortuis suscitat. Ioan. ij.,*** puis le chiffre 7. — Morceau anonyme.

On connaît deux états de cette planche :

I. La marge est blanche.

II. C'est celui qui vient d'être décrit.

45. *Il fait son entrée triomphante à Jérusalem.*

(8) On lit dans la marge : ***Iesus insidens asino gloriose Hierusalem ingreditur. Matt.*** 21., puis le chiffre 8. — Morceau anonyme.

On connaît deux états de cette planche :

I. La marge est blanche.

II. C'est celui qui vient d'être décrit.

46. *Il résout la question du tribut à César.*

(9) On lit à la gauche du bas : ***Callot*** et dans la marge : ***Jesus de tributo Cœsari dando quœstionem soluit. Matt.*** **22.** | ***Cum priuilege Reg. Israel excū,*** puis le chiffre 9.

On connaît deux états de cette planche :

I. Avec le nom de ***Callot*** à la gauche du bas et avec les mots : ***Cum priuilege Reg. Israel excū,*** au milieu du bas de la marge, mais avant le texte de saint Matthieu et avant le chiffre 9.

II. C'est celui qui vient d'être décrit.

47. *La Conversion de saint Paul.*

(10) On lit dans la marge : ***Jesus Saulum in Discipulos sœuientem conuertit. Act.*** 9., puis le chiffre 10. — Morceau anonyme.

On connaît deux états de cette planche :

I. La marge est blanche.

II. C'est celui qui vient d'être décrit.

Cette dernière pièce est gravée dans un goût différent de celui des neuf premières auxquelles l'artiste ne semble pas avoir pensé à la réunir. Cependant elle se trouve comprise sous le titre général ***Nouveau Testament*** dans l'inventaire dressé après le décès d'Israël Silvestre, en 1691. Ce document se borne à attester l'existence de onze pièces, sans indiquer si l'on doit y comprendre le titre ou une prédication de saint Jean que Fagnani n'a pas chiffrée et que nous avons décrite ci-dessus n° 3.

Les planches de cette suite sont conservées à Nancy dans le cabinet de M. Thiéry. Elles devaient être beaucoup plus nombreuses, mais l'artiste est mort avant d'avoir pu graver les sujets qu'il se proposait d'ajouter à ceux dont la description précède.

48-51. *Les quatre Banquets. Suite de quatre estampes* (*).

Hauteur : 77 à 79 millim. Largeur : 55 à 59 millim.

A l'exception du n° 4, dont nous indiquerons les états en son lieu, on connaît deux états de ces planches qui sont conservées, à Nancy, dans le cabinet de M. Thiéry.

I. Avant les noms de l'éditeur et le *cum priuil. Regis.* sur le 3ᵉ morceau. Aucun des morceaux n'est chiffré.

II. Avec ces mots : *I. Siluestre ex. cum priuil. Regis* sur le 3ᵉ morceau. Cet état est chiffré de 1 à 4 à la droite du bas.

48. *Les Noces de Cana.*

(1) On lit à gauche, au-dessous de la composition : *I Callot*.*

49. *Le Repas chez le Pharisien.*

(2) On lit à droite, au-dessous de la composition : *I Callot*.*

50. *La Cène.*

(3) On lit à gauche, au-dessous de la composition : *I Callot*.*

51. *Le Souper à Emmaüs.*

(4) On lit à gauche, au-dessous de la composition : *I Callot*.*

Il y a trois états de cette planche :

I. La manche du vêtement du disciple assis à gauche est ombrée de travaux simples (**). — *Très-rare.*

(*) Cette suite a été copiée. — Mariette dit avoir vu les dessins qui ont servi à graver ces quatre pièces. « Ils sont de la même grandeur que les planches ; au crayon, lavés de bistre et touchés avec un esprit infini ; mais il n'y a que l'âme et rien n'y est digéré. » — Mariette ajoute que « Callot avait, comme pour la Petite passion, fait de chaque figure des études particulières, comme s'il eût dû les graver plus en grand. »

(**) Gersaint décrit une épreuve semblable p. 63 du Catalogue

II. La manche est ombrée de travaux croisés. Cet état et le précédent ne sont pas chiffrés.

III. La planche est chiffrée.

PARABOLES.

52. *Jésus-Christ au milieu des mesureurs de grains.*

La scène se passe dans une place publique bordée de bâtiments somptueux. Le Sauveur, proposant la parabole de la mesure du grain, est à droite sur le second plan, et fait un geste de la main gauche élevée. On lit à la gauche du bas : *Ia : Callot In : et Scalpsit.*, et dans la marge :

QVA MENSVRA MENSI FVERITIS,
EÂDEM REMETIETVR VOBIS : *Math. vij.*

morceau gravé au burin et des commencements du maître.

Largeur : 205 *millim. Hauteur :* 191 *millim., dont* 28 *de marge.*

---

de Quentin de Lorangère. M. de Heinecken a cru y voir une épreuve provenant d'une planche différente, et son erreur a été reproduite par Huber et Rost. La vérité est qu'il n'y a eu qu'un petit nombre d'épreuves de la suite entière tirées ainsi, à titre d'essai, et que la pièce représentant les disciples d'Emmaüs est la seule qui ait été retouchée par Callot. La bibliothèque impériale possède la suite complète de cet état; elle provient des cabinets Zanetti et Denon.

53-63. *La Parabole de l'Enfant prodigue* (*). *Suite de onze morceaux.*

Largeur : 80 *à* 82 *millim. Hauteur :* 60 *à* 62 *millim., dont* 4 *à* 8 *de marge.*

On connaît trois états de ces planches, qui sont conservées à Nancy dans le cabinet de M. Thiéry :

I. Avant les vers et les numéros ; avant les armoiries sur l'écusson du premier morceau et avant l'inscription sur l'écriteau du même morceau. On lit, sur chaque morceau, au milieu du bas de la marge : *Cum priuilege Israel excudit*, ou *Cum priuilege Reg. Israel excudit*, ou *Cum priuilege Reg. excū*, ou *Cum priuilege Reg. Israel excudit. — Très-rare.*

II. Pareillement avant les numéros, mais avec les armoiries sur l'écusson et le titre, et avec la dédicace sur l'écriteau du premier morceau dont les mots *Cum priuilege Israel excudit* ont été corrigés ainsi : *Cum priuilege Reg. Israel cūdit,* et avec les vers que nous rapporterons, gravés au-dessus des mots : *Cum priuilege*, etc.

III. Les planches sont chiffrées, de 1 à 10, à droite dans la marge des dix derniers morceaux. Ces chiffres ont été ajoutés par Fagnani.

53. *Frontispice.*

Arcade surbaissée au milieu de laquelle s'élève un pilastre où est adossé un écusson chargé des armoiries du dédicataire et un écriteau contenant cette inscription : LA VIE DE L'EN = | FANT PRODIGVE | *Faite par noble* J. CALLOT, | *Et mise en Lumiere Par* | ISRAEL *son amy.* | DEDIÉE | *A Monseigneur,* ARMAND | *de* MAILLE, *Marquis de* | BREZÉ, *Maistre de*

(*) Cette suite a été copiée.

Camp / d'vn, Regiment. / 1635 / Aux côtés de ce pilastre on voit, à droite, l'Enfant prodigue chassé par les femmes de mauvaise vie; et à gauche il est réduit à garder les pourceaux.

54. *L'Enfant prodigue est mis en possession de son héritage.*

(1) La scène se passe dans une des salles d'un palais somptueux où des objets précieux sont étalés sur une table. On lit dans la marge :

Un Père que les ans accablent de douleurs
Comblant son fils de biens, le comble de malheurs.

55. *Il part pour Memphis.*

(2) Il monte à cheval au bas du perron du palais de son père que son guide salue.

Ce partement Soudain sert comme de presage,
Que le calme trop grand est Suiuy de L'orage.

56. *Il dissipe son bien.*

(3) On le voit à table avec des femmes de mauvaise vie et de faux amis.

Dans les charmes du vin et de la volupté
Ce prodigue se perd en sa brutalité

57. *Il est ruiné complétement.*

(4) On l'aperçoit demi-nu, chassé et outragé par ses maîtresses et ses faux amis.

Il deuient le iouet des impudiques femmes
Apres S'estre Saoulé de ses plaisirs infames.

58. *Il est réduit à garder les pourceaux.*

(5) Il est vu, à la gauche du bas, recevant les ordres du maître qui l'emploie.

Celuy qui dédaignoit les plus friands morceaux
Se va nourrir de glands destinez aux porceaux :

59. *Il implore la miséricorde divine.*

(6) Entouré de son troupeau, on le voit à genoux au milieu du devant.

Haussant les yeux au Ciel aux cris il S'abandonne,
Et réclame Son père affin qu'il luy pardonne.

60. *Il rentre à la maison paternelle.*

(7) Il se jette aux pieds de son père qui, touché de son repentir, lui pardonne.

Afligé de le voir de misere transy.
Ce bon Vieillard l'embrasse, et le prend à mercy.

61. *On apprête le festin de sa bien-venue.*

(8) Vue d'une basse-cour. Un boucher remplit son office et un de ses aides s'apprête à frapper le veau gras.

Le Pere à ce retour fait tuer le Vieau gras,
N'espargnant pour son fils ny ses soings ny ses bras.

62. *Il est équipé de nouveau.*

(9) Vue de l'intérieur d'une salle où l'on remet à Azaël des vêtements nouveaux et tous les effets d'un nouvel équipement.

Si tost qu'il entre au port au Sortir du naufrage,
On le traitte on l'habille, on fait Son equipage.

63. *Il prend place au festin.*

(10) La table est dressée à la droite de l'estampe dans une galerie somptueuse.

Pour le mieux resjouir, au festin magnifique
Que Son Pere luy fait, est iointe la musique

§ II. SAINTES FAMILLES. — VIERGES. — SUITES RELATIVES A LA VIERGE.

64. *Repos de la sainte famille.*

La sainte Vierge assise à gauche dans une campagne, tient sur son giron l'enfant Jésus, à qui elle a donné le sein. Saint Joseph, assis à droite et regardant le spectateur, fait une indication au fond. On lit sur le bât de l'âne servant d'appui à saint Joseph : *Ia. Callot scalpsit.*

Composition en demi-figures, sauf l'enfant Jésus. Elle est ovale et bordée d'un double filet où est écrit : MANE SVRGAMVS AD VINEAS, VIDEAMVS SI FLORVIT VINEA, SI FLORES FRVCTVS PARTVRIVNT, SI FLORVERVNT MALA PVNICA IBI DABO TIBI VBERA MEA CANT. VII. CAP. Les angles sont blancs. — *Très-rare.*

Largeur : 160 *millim. Hauteur :* 120 *millim.*

Cette pièce, gravée au burin pendant que Callot étudiait à Rome, n'est qu'une copie de l'estampe originale de l'un des Sadelers. La copie est du même sens que l'original, lequel est tiré de différents maîtres. Suivant Mariette (fol. 61), la Vierge est d'après Louis Carrache, et le saint Joseph est d'après le Procaccini.

65. *La Sainte Famille à table* (*).

Morceau connu sous le nom de *Benedicite* où l'on voit la Vierge assise à gauche, à table, en face de l'enfant Jésus que saint Joseph fait boire dans un verre en forme de calice. — Effet de nuit, la scène étant principalement éclairée par les auréoles dont les têtes de la Vierge et de l'enfant Jésus sont environnées. Dans une bordure ronde, tronquée haut et bas et des côtés, et dont les angles sont teintés. On lit dans les angles du bas, à gauche : *Jac. Callot In.* et à droite : *et fec. Nanceij* et dans la marge :

EIA AGE CARE PVER, CALICEM BIBE, TE MANET ALTER
QVI TENSIS MANIBVS NON NISI MORTE CADET.

Hauteur : 190 *millim., dont* 16 *de marge. Largeur :* 168 *millim.*

On connaît deux états de cette planche, qui est conservée à Nancy dans le cabinet de M. Thiéry.

I. C'est celui qui vient d'être décrit.

II. On lit au milieu du bas de la marge : *Israel Siluestre ex. cum priuil. Regis.*

(*) Il existe une assez bonne copie de ce morceau, dans le sens de l'original. Le signe le plus matériel de reconnaissance consiste dans une virgule. Dans l'original, il y a une virgule après le mot BIBE et dans la copie après le mot TE qui le suit.

Outre cette copie, Mariette possédait une épreuve d'une autre planche « qui n'a jamais été achevée et que quelques-uns prétendent, quoique avec assez peu d'apparence, avoir été commencée par Callot. » (Notes ms., fol. 61.)

66. *Sainte Famille, d'après André del Sarte* (*).

Composition de cinq figures, qui offre la sainte Vierge et sainte Elisabeth tenant les saints enfants sur leurs genoux. Saint Joseph, assis derrière la Vierge, semble s'entretenir avec sainte Elisabeth. — Dans une bordure ronde. Les angles sont teintés de tailles horizontales parsemées de points allongés. On lit dans l'angle bas de la gauche : AND. SART. *in.* et dans la marge, ornée au milieu d'un ovale garni d'un écusson avec chevron, accompagné de deux cors en chef, surmonté d'un timbre avec lambrequins, une inscription en cinq lignes pleines et une sixième ne contenant que le millésime M. D. C. XIII

(*) Le tableau original, qui était autrefois à Fontainebleau, se trouve aujourd'hui au Louvre, et porte le n° 439 de l'école italienne (livret de 1852). — M. Villot explique, dans une note du livret, les raisons qu'il a de douter que ce tableau soit celui qui fut vendu à François Ier. La note de Mariette, que nous rapportons ci-après, vient à l'appui de cette opinion, puisqu'il en paraît résulter que Callot a gravé cette pièce d'après le tableau original qui était à Florence en 1613. Il a beaucoup souffert et a subi de nombreuses restaurations qui datent de la seconde partie du dix-huitième siècle, ainsi que le fait supposer le passage suivant de Mariette : « Le tableau original d'André del Sarte, *qui est d'une grande beauté*, se trouve *présentement* en France dans les appartements de Fontainebleau. — Le nom de Callot n'était pas à la planche avant qu'elle fût acquise par P. Mariette ; elle est incontestablement de lui, et faite dans la même année, et pour le même père Servite que l'*Ecce Homo*. Du moins la dédicace est datée de même, en 1613. » (Notes Ms. folio 61.)

qui peut se référer à l'année de l'exécution de cette pièce, qui est gravée au burin.

Hauteur : 282 millim., dont 50 de marge. Largeur : 230 millim.

On connaît deux états de cette planche :

I. C'est celui qui vient d'être décrit.

II. On lit dans l'angle bas de la droite : *P. Mariette excud., I. Callot f.* L'écusson du premier état a été enlevé et remplacé par un autre ceint de deux palmes, écartelé, couronné et surmonté d'une mitre et d'une crosse.

67. *La Sainte Famille.*

Mariette décrit ainsi cette pièce, que nous n'avons jamais rencontrée : « La sainte Vierge est représentée assise, ayant sur ses genoux l'enfant Jésus qui tend les bras comme pour recevoir le jeune Saint Jean qui lui apporte un agneau. Près de la sainte Vierge est saint Joseph assis, vu par derrière, et dans le fond deux anges debout en acte d'adoration.

» Cette pièce est gravée à l'eau forte et retouchée au burin en quelques endroits, entre autres dans la tête de la Vierge et de l'enfant. On n'y trouve aucun nom d'artiste ; je ne fais cependant nulle difficulté de la croire de Callot. Elle est précisément gravée dans la même manière que ce qu'il a gravé à l'eau forte, en arrivant à Florence, et, je crois, de ces temps-là ; par conséquent ce n'est pas une de ses meilleures pièces. »

« *Hauteur : 6 pouces. Travers : 4 pouces.* »

Cette pièce paraît être la même que celle dont Gersaint donne la description suivante : « Une Sainte Famille, pièce en hauteur de six pouces sur quatre de large ; il y a un ange debout, à chaque côté de la Vierge, dont l'un a les mains croisées et l'autre les a jointes. — Elle est gravée à l'eau forte, d'un goût libre et sans nom ; — cette pièce est unique. » (Catalogue de Quentin de Lorangère, p. 64.)

68. *La Vierge, l'Enfant Jésus et le petit saint Jean.*

La Sainte Vierge assise à droite, au pied d'un gros arbre, tient sur son giron l'enfant Jésus qu'elle regarde avec amour, en approchant de lui le jeune saint Jean, debout à son côté, tenant son agneau. La gauche offre un pays, d'une grande étendue, enrichi de fabriques. On lit à la gauche du bas : *Iac. Callot F.* Morceau gravé à l'eau forte et terminé au burin, d'après l'estampe originale de Paul Farinati. — *Rare.*

Largeur : 267 *millim. Hauteur :* 165 *millim.*

Cette pièce est sans date, mais elle doit être de 1614. Elle rappelle le faire du maître italien et accuse déjà chez le jeune artiste lorrain des progrès sensibles. Elle est loin cependant d'approcher de l'estampe originale qui est pleine de sentiment. Cette estampe reproduit elle-même un tableau du Titien.

69. *La Vierge et l'Enfant Jésus* (*).

La Sainte Vierge porte dans ses bras l'Enfant Jésus tenant d'une main le globe du monde et donnant la bé-

(*) Voici ce que Gersaint dit de ce morceau, p. 64 et 65 du Catalogue de Quentin de Lorangère : « Cette pièce est inconnue

nédiction de l'autre. Composition en demi-figures, dans un ovale qui n'est pas terminé par le haut, et traitée au pointillé comme la Judith du numéro 91 ci-après. Morceau anonyme. — *Très-rare.*

Dimensions de la composition : *Hauteur* : 34 *millim. Largeur* : 28 *millim.*

Et de la planche : *Hauteur* : 36 *millim. Largeur* : 32 *millim.*

70. *La Vierge et l'Enfant Jésus.*

La Vierge en demi-figure, assise, embrasse l'Enfant Jésus à mi-corps regardant une cage qui se trouve au bas

---

et unique. Si elle est de Callot comme feu M. Mariette l'a toujours prétendu, elle doit être de ses commencements. Ce morceau et environ douze ou quinze autres de cet œuvre, qui sont à peu près aussi rares ou uniques, viennent d'un fameux œuvre de Callot fait dans le temps même que vivait ce maître. Le grand-père de M. Mariette d'aujourd'hui possédait cet œuvre, qui existe encore dans le même cabinet (celui de l'auteur des notes conservées à la bibliothèque impériale). Mais feu M. de Lorangère a acquis de lui ces morceaux, M. Mariette n'ayant pu résister aux instances réitérées de M. de Lorangère, ni au prix auquel il les porta pour les arracher. »

Ce passage renferme plusieurs inexactitudes. — La pièce dont il s'agit n'est pas unique. Une épreuve se trouvait dans l'œuvre de M. Denon et elle est aujourd'hui classée au tome second de l'œuvre de Callot à la bibliothèque impériale. Nous en avons vu une autre épreuve chez M. Robert-Dumesnil et nous croyons qu'il en existait une troisième dans la collection de M. Verstolk de Soelen, aujourd'hui dispersée. — Cette pièce est bien de Callot, mais non de ses commencements. Elle est, au contraire, du bon temps du maître, qui n'a jamais si bien réussi, lorsqu'il a essayé de graver au pointillé.

de l'estampe, vers la droite, et sur laquelle est un oiseau. Un autre oiseau est enfermé dans la cage. Ce morceau, gravé au burin dans le goût d'Annibal Carrache, par Callot qui y a mis son nom, porte pour légende : *Nonne duo Passeres asse Væneunt?* — Il est cité p. 65 du Catalogue de M. de Lorangère comme étant unique.

Hauteur : 124 millim. Largeur : 95 millim.

71. *L'Annonciation.*

Morceau traité dans le goût du quatrième morceau de la suite que nous décrivons ci-après et qui porte le numéro 80 de l'œuvre. Dans l'un comme dans l'autre, la Vierge est assise à gauche et l'archange apparaît à droite. Ce morceau diffère du numéro 80, principalement en ce que le Saint-Esprit brille seul au ciel tandis que, dans le numéro 80, il est accompagné du Père Eternel ; d'ailleurs, on voit un vase de fleurs aux pieds de la Vierge du numéro 80, et dans celui-ci ce vase n'existe pas. On lit dans la marge du présent morceau : *Annunciatio Beatæ Mariæ* — puis, à gauche : *Cum Priuilegio Regis.* et à droite : *Callot fe. Israel excud.* — *Rare.*

Hauteur : 64 millim., dont 6 de marge. Largeur : 45 millim.

72. *L'Annonciation.*

Pièce annoncée comme l'original du morceau qui précède, par *Gersaint,* p. 59 du Catalogue de M. de Lorangère. La Vierge est assise à droite. Suivant cet auteur, la planche ayant été perdue, Callot la copia et produisit le morceau que nous venons de décrire sous le numéro 71, lequel serait en contre-partie de l'original. — Nous n'avons rencontré cette pièce que dans la collection de M. Noël, notaire honoraire à Nancy. On y lit : *Annunciatio Beatæ Mariæ Vi?...* L'épreuve de la collection de M. de Lorangère était réputée unique. Morceau anonyme. — *Très-rare.*

Mêmes dimensions.

73. *L'Annonciation.*

Copie dans le sens de l'Annonciation faisant partie du numéro 4 de la suite comprenant les Mystères de la Passion de Notre Seigneur et la Vie de la Vierge (numéro 34 de l'œuvre), mais avec beaucoup de variantes ; la plus remarquable consiste dans le plafond de la chambre qui est à solives apparentes, tandis que dans l'Annonciation du numéro 4, le haut de la chambre est voûté. Le travail est d'ailleurs bien moins léger que dans le numéro 4 et d'une pointe moins ragoûtante. Pièce ovale. — *Très-rare.*

Hauteur : 46 *millim. Largeur :* 35 *millim.*

En comprenant, dans l'œuvre de Callot ce morceau, ainsi que le précédent et le suivant, nous avons pour but de décrire, en les rapprochant, toutes les Annonciations qui sont attribuées à notre maître. Nous considérons cependant ces trois pièces comme douteuses. Nous n'avons pas vu le numéro 74. Quant aux numéros 72 et 73, ils ne nous paraissent être que des imitations anonymes. La note suivante de Mariette ne peut qu'augmenter nos doutes sur l'authenticité de l'Annonciation ovale n° 73. « Un de ces mêmes petits sujets, celui qui représente l'Annonciation de la Sainte Vierge, gravé une seconde fois avec quelques changements peu considérables, et que quelques-uns croient être de Callot, quoi qu'il y ait cependant plus d'apparence que ce n'est qu'une copie. »

74. *L'Annonciation.*

Cette composition diffère des deux qui sont détaillées sous les numéros 34 et 73 en ce qu'il n'y a ni solives au haut de l'estampe ni fenêtres. — *Pièce que Gersaint a citée comme unique.*

Mêmes dimensions.

75. *L'Annonciation ou* LA NVNCIATA *de Florence* (*).

Représentation de l'image miraculeuse de Notre-Dame-de-l'Annonciade de Florence. La Sainte Vierge est assise, à droite, dans un oratoire d'architecture dite bizantine, et l'Archange Gabriel lui apparaît à l'entrée d'une porte ouverte à gauche. Elle lève les yeux au ciel, où plane le Saint-Esprit, sous la forme d'une colombe, et semble dire ces mots : ECCE ANCILLA DOMINI, tracés comme s'ils étaient sortis de ses lèvres sur le rayon formé par

---

(*) Cette composition ne paraît pas avoir été gravée pour décorer le livre de Lottini intitulé : *Scelta d'alcuni Miracoli*, etc., que nous décrivons ci-après. Nous l'y avons cependant rencontrée, mais une seule fois et en épreuve du second état. — Elle a été faite sur un dessin représentant l'image miraculeuse appelée *Madona santa Maria Madre di grazie* dont la figure passe pour avoir été peinte par une main divine. C'est le premier miracle que raconte Lottini.

le souffle de la colombe. Un livre est ouvert sur un coussin posé sur un banc garnissant le fond; on y lit: ECCE VIRGO CONCEPIET ET PARIET FILIVM. La marge contient ces vers :

Tequis in aduersis unquam pia Virgo uocauit,
Qui te non ualida sensit adesse manu?
Quis quandoque graui press' languore, salubrē
Abs te non placida fronte recepit opem?

puis, à gauche : *Mathæus Rossell : delineauit*

Hauteur : 180 *millim., dont* 39 *de marge. Largeur :* 118 *millim.*

Ce morceau anonyme, gravé au burin, n'est pas commun; il est très-rare à rencontrer beau d'épreuve.

On connaît deux états de cette planche :

I. C'est celui que nous venons de décrire.

II. La planche a été rognée par le bas; la marge et les vers qu'elle contenait ont disparu. La composition a été entourée d'une bordure au burin et ses dimensions sont : *Hauteur :* 146 *millim. Largeur :* 123 *millim.*

76-89. *La Vie de la Sainte Vierge* (*).

Suite de quatorze estampes y compris le frontispice, *de* 71 *millim. de haut sur* 46 *millim. de large.*

Dimensions réduites des autres morceaux : *Hauteur :* 68 *à* 70 *millim., dont* 4 *à* 8 *de marge. Largeur :* 44 *à* 46 *millim.*

On connaît deux états de ces planches, qui sont conservées dans notre cabinet :

I. Les planches ne sont pas chiffrées.

II. Elles sont chiffrées de 1 à 13 dans la marge des treize der-

(*) Cette suite a été copiée.

nières ; la cinquième l'est même deux fois, à droite et au milieu. Ces numéros ont été ajoutés par Fagnani.

76. *Frontispice.*

Rétable avec cartouche au haut où se voit le buste de la Vierge en prières. Il est orné de draperies et de guirlandes. Deux grands anges s'élèvent aux côtés. Au bas sont les armoiries du dédicataire entre deux petits anges assis. On lit au centre : **VITA ET | HISTORIA BEATÆ | MARIÆ VIRGINIS MATRIS | DEI.** | ***A Nobili Viro I. Callot inuenta | delineata atque in aes incisa | et ab Iseraele amico suo in | lucem edita. | Ad Illustriss. virum Claudium | Maugis Regis et Reginæ Matris | Consiliarium, et Elemosinarium | ordinarium. Abbatem sancti | Ambrosij*** (*) | ***Cum Priuilegio Regis. | Parisijs.***

77. *La Naissance de la Vierge.*

(1) On lit dans la marge, au milieu : ***Natiuitas Mariæ Virginis*** ; à gauche : ***Callot fecit.*** et à droite : ***Israel excud.***

78. *Sa Présentation au temple.*

(2) Morceau sans nom ni adresse. On lit dans la marge : ***Maria a parentib' in templo presentatur.***

(*) Avant d'être aumônier de Marie de Médicis et de Louis XIII, ici désignés, Claude Maugis avait rempli les mêmes fonctions auprès de Louise de Lorraine, femme de Henri III, roi de France. Ce Maugis est le premier qui ait eu la pensée de former une collection d'estampes. Il en laissa une fort considérable, achetée après sa mort par l'abbé de Marolles et qui a formé le noyau du Cabinet des estampes à Paris. La suite de la Vie de la Vierge, qui se conserve dans ce cabinet, n'est cependant pas celle qui fut offerte par Callot à Claude Maugis ; car toutes les pièces portent le cachet de M. Denon.

79. *Elle épouse saint Joseph.*

(3) On lit dans la marge : ***Maria desponsatur Iosepho***, et plus bas, à gauche : ***Callot fecit***, et à droite : ***Israel excud.***

80. *L'Archange Gabriel lui annonce qu'elle sera mère de Dieu (Voyez numéros 71 et 72).*

(4) On lit dans la marge : ***Annunciatio Beatæ Mariæ. Callot f. Israel excud.***

81. *Elle visite sainte Elisabeth.*

(5) On lit dans la marge, au milieu : ***Visitatio sanctæ Elisabet.***; à gauche : ***Callot fecit.***, et à droite : ***Israel excud.***

82. *Elle adore l'Enfant Jésus nouvellement né.*

(6) On lit dans la marge : ***Christus ex Maria virgine nascitur***; puis, à gauche : ***Callot fecit.*** et à droite : ***Israel excud.***

83. *Elle présente son divin fils au grand-prêtre.*

(7) On lit dans la marge : ***Maria Iesum in templo offert.***; puis, à gauche : ***Callot fecit.***, et à droite : ***Israel excud.***

84. *Elle l'offre à l'adoration des Mages.*

(8) On lit dans la marge : ***Magi adorant Iesum.***; puis, à gauche : ***Callot fecit***, et à droite : ***Israel excud.***

85. *Elle fuit en Egypte.*

(9) On lit au bas de la composition, à gauche : ***Israel excud.***, et à droite : ***Callot fecit***, et dans la marge : ***Maria fugiens in Egiptum.***

86. *Elle meurt.*

(10) On lit dans la marge : ***Mors Beatæ Virginis Mariæ***; puis, vers le milieu : ***Callot fe.***, et à droite : ***Israel excud.***

87. *On l'ensevelit.*

(11) On lit dans la marge : ***Obitus Beatœ Mariœ;*** puis, à gauche : ***Callot fecit.,*** et à droite : ***Israel excud.***

88. *Elle fait son Assomption.*

(12) On lit dans la marge : ***Assumptio Beatœ Mariœ;*** puis, à gauche : ***Callot fecit*** et à droite : ***Israel excud.***

89. *L'Immaculée Conception* (*).

(13) La sainte Vierge s'élève au ciel sur un croissant, dans une gloire d'anges et de chérubins, et contemple l'éternelle félicité. On lit dans la marge : ***Attributa Beatœ Mariœ.;*** puis, à gauche : ***Callot fecit*** et à droite : ***Israel excud.***

90-99. *Différents sujets.*

Suite de neuf estampes non chiffrées.

90. *Frontispice.*

(1) + | GLORIOSISIMÆ | VIRGINIS DEI PARÆ | ELOGIVM, | ***Omnia lœtitiœ, doloris, et gloriœ mil= | ieria artificiosa breuitate complectēs.*** | DV̄[1] GENEROR[2], PARIO[3], PATIORQ : [4] EXVLTO[5], TRIVMPHO, | GRATIA, VIRGINITAS, CONSTANTIA, GLORIA, CHRISTVS, | A MACVLIS, CANDORE, METV, DVLCEDINE, SCEPTRO, | ABLVIT, ACCĪGIT, ME LIBERAT, EXPLET, HONORAT. | *Ad Illus-*

(*) Suivant M. de Heinecken (Dictionnaire des artistes, t. 4, p. 297) cette dernière pièce manque quelquefois à la suite. Cette remarque ne prouve que la négligence de quelques amateurs à se procurer le morceau dont il s'agit; car la planche n'a jamais été égarée, et, dans les suites avant les numéros, ce morceau n'est pas plus rare que les autres.

trissimum, & | *Reuerendissimum Principem,* HENRICVM | BORBONIUM, *Episcopum Metensem,* | *Sac. Rom. Imp. P.* & *c.* | *Al de Ramb. I C' cecinit.*

Cette inscription se lit dans un ovale en hauteur, formant le centre d'une composition animée de plusieurs anges et enrichie de cinq cartouches portant des inscriptions auxquelles renvoient les numéros 1 à 5 dont nous indiquons la signification ci-après. Au milieu du bas se voient les armoiries de Henri de Bourbon, évêque de Metz, accompagnées de deux petits anges portant les instruments de la passion du Sauveur.

Ce joli frontispice paraît avoir été fait pour décorer un ouvrage d'Alphonse de Rambervillers qui n'a pas été publié. La première des quatre lignes qui se lisent au milieu :

DŪ GENEROR, PARIO, PATIORQ : EXVLTO, TRIVMPHO,

désigne par des numéros qui se trouvent en avant de chaque mot, à partir du second, les sujets de la Vie de la Vierge placés autour de l'ovale du titre, savoir : la naissance de la Vierge; la Nativité du Sauveur, la Vierge auprès de la croix, l'apparition de Jésus-Christ à sa mère, et l'Assomption de la Vierge.

Il est évident que les pièces qui composent la suite jointe à ce frontispice n'étaient pas originairement destinées à être réunies; car trois d'entre elles se rapportent à des événements étrangers à la vie de la Vierge. Ce sont des morceaux gravés isolément par Callot, de 1622 à 1629, et qu'on a réunis sous un même titre pour faire suite, bien qu'aucun lien ne les rattache les uns aux autres. Après la mort de Callot, en 1635, Israël Henriet acheta les planches et il y mit le nom de l'artiste, le sien, ainsi que deux lignes, l'une latine et l'autre française, qu'on remarque à presque tous les morceaux.

Hauteur : 96 *millim. Largeur :* 71 *millim.*

On connaît deux états de cette planche :

I. C'est celui qui vient d'être décrit.

II. On lit au-dessous de l'inscription rapportée : *Callot fecit. Israel ex. cum* | *priuil. Reg.*

91. *Judith.*

(2) Judith sortant de la tente d'Holopherne qu'elle vient de mettre à mort, pose la tête du roi sur un plat tenu par sa suivante qui se voit debout à la droite de l'estampe. Morceau gravé au pointillé dans le goût de la Vierge et l'enfant Jésus du numéro 69.

Hauteur : 97 *millim., dont* 9 *de marge. Largeur :* 66 *millim.*

On connaît deux états de cette planche :

I. Avant toute lettre.

II. On lit à la droite du bas de la composition : *Callot fecit,* et dans la marge : *Infirma mundi elegit Deus, vt confundat fortia.* 1. *Cor.* 1. | *Dieu choisit la foiblesse du monde, pour en confondre la force.* | *Israel ex. cum priuil. Regis.*

92. *L'Adoration des Mages.*

(3) Deux des mages sont vus prosternés aux pieds de notre Seigneur debout à côté de sa sainte Mère assise à gauche à l'entrée de l'étable de Bethléem.

Hauteur : 101 *millim., dont* 10 *de marge. Largeur ;* 69 *millim.*

On connaît deux états de cette planche :

I. Avant toute lettre.

II. On lit au bas de la composition, vers la droite : *Callot fecit,* et dans la marge : *Imitatio principum pars obsequij est. Lactant.* | *Imiter les Princes est une partye de nostre debuoir.* | *Israel ex. cum priuil. Reg.*

93. *Les Hommages du petit saint Jean.*

(4) Assise au milieu de l'estampe, et vue de face, en avant de deux anges en adoration, la Sainte Vierge tient sur elle l'enfant Jésus qui reçoit les hommages du petit saint Jean ; ce dernier

tient dans ses bras un agneau, et sa sainte Mère le présente au Sauveur. Saint Joseph est debout à droite; un ange, planant au haut du sujet, répand des fleurs.

Hauteur : 104 millim., dont 13 de marge. Largeur : 68 millim.

On connaît deux états de cette planche :

I. Avant toute lettre.

II. On lit à la droite du bas : *Callot fe.*, et dans la marge : *Maior seruiet minori. Genes. 25. | Le plus grand sera le seruiteur de lautre. | Israel ex. cum priuil Reg.*

Ce morceau est gravé dans le même goût que celui de la pièce précédente. Les trois premiers morceaux de cette suite sont, suivant Mariette, « des premières choses que Callot ait faites depuis son retour d'Italie. Il cherchait alors à terminer ses ouvrages en pointillant les chairs. »

94. *Jésus-Christ en croix entre les deux larrons.*

(5) La croix sur laquelle notre Seigneur est élevé occupe le milieu du devant, et l'instant choisi par l'artiste est celui où le côté du Rédempteur est percé d'une lance. Composition animée d'un grand nombre de figures. On lit au bas, à gauche : *Callot fecit.*, au milieu : *Israel ex.*, et à droite : *Cum priuil. Reg.*

Hauteur : 85 millim. Largeur : 65 millim.

On connaît trois états de cette planche :

I. La composition n'est qu'au trait et avant toute lettre.

II. Elle est toujours au trait et avec les mentions rapportées ci-dessus.

III. Elle a été finie par *Valdor*.

95. *La Résurrection.*

(6) Le Sauveur s'élève radieux au-dessus de son tombeau entouré de gardes dont deux s'enfuient effrayés.

Hauteur : 95 millim., dont 6 de marge. Largeur : 65 millim.

On connait deux états de cette planche :

I. Avant toute lettre.

II. On lit à droite, vers le bas de la composition : *Callot fecit.*, et dans la marge : ***Resurget Justus vt Judicet, peccator vt Judicetur. Cassian. | Le Iuste ressuscitera pour Iuger, et le pecheur pour estre Jugé. | Israel ex. cum priuil. Reg.***

96. *L'Assomption.*

(7) Le tombeau de la Sainte Vierge occupe le milieu du bas. Il est environné des Apôtres qui contemplent la mère de leur divin maître, élevée au ciel dans une gloire d'anges et de chérubins.

Hauteur : 89 millim. Largeur : 67 millim.

On connaît deux états de cette planche :

I. Avant toute lettre.

II. On lit sur le tombeau : *Non est hic. Mat.* 28., et sur la terrasse, à gauche : *Callot fecit.*, et au milieu : *Israel ex. cum priuil. Reg.*

97. *La Conversion de Saint Paul* (*).

(8) Saint Paul est tombé de cheval au milieu de l'estampe. Son armée a rompu les rangs et paraît se disperser effrayée. Les mots : SAVLE SAVLE QVIDME PERSEQVERIS se lisent sur un rayon échappé d'un nuage à la gauche du haut.

Hauteur : 100 millim., dont 10 de marge. Largeur : 67 millim.

On connaît deux états de cette planche :

I. C'est celui qu'on vient de décrire ; il est avant la lettre dans la marge du bas, et avant le nom de Callot.

II. On lit au bas, à droite : *Callot fe.* et dans la marge : *Totus Iesus in Paulo consumptus est. Chrysost. | Iesus-Christ s'est*

(*) Cette pièce a été copiée. — Le dessin original se trouve au Louvre, volume n° 12,515.

employé tout entier en ce mystère. | *Israël ex. cum priuil. Reg.*

98. *Saint Livier* (*).

(9) Il est debout et vu de face au milieu de l'estampe, le sang jaillissant de son cou et soutenant devant lui sa tête de ses mains. Au fond, on le voit recevant le martyre à la vue d'une armée ; et, au dernier plan, on l'aperçoit encore portant sa tête et se dirigeant vers le sommet d'une montagne couverte de quelques arbres et d'un édifice. On lit dans la marge : SANCTVS LIVARIVS | *Patritius Metensis eques fortiss. martirium pro* CHRISTI *fide* | *subijt circa annum Salutis* 490

Hauteur : 105 *millim., dont* 9 *de marge. Largeur :* 74 *millim.*

On connaît deux états de cette planche :

I. C'est celui qui vient d'être décrit.

II. On lit au bas de la composition, à gauche : *Callot fecit.*, et à droite : *Israel ex. cum pri. Reg.*

99. *L'Assomption au Chérubin* (**).

Réduction en contre-partie du numéro 7 de la suite

(*) Cette pièce paraît avoir été gravée pour décorer le livre d'Alphonse de Rambervillers intitulé : Les actes admirables en prospérité en adversité et en gloire du bien-heureux martyr saint Livier, Gentil-homme d'Austrasie. *Vic. par Claude Félix.* 1624. pet. in-8°. Nous devons dire, toutefois, que nous ne l'avons rencontrée que dans les exemplaires de ce rare volume qui sont de seconde reliure et auxquels elle a pu être ajoutée. Elle ne fait pas partie de l'exemplaire de la bibliothèque de Nancy, qui est dans sa reliure primitive.

(**) Cette pièce a été copiée.

On lit dans les notes de Mariette, folio 60 : « Cette Assomption qui précède (96 de l'œuvre), dans un ovale au-dessous duquel est un chérubin vu de face : de là le surnom de ce morceau anonyme qui ne porte aucune inscription. — *Très-rare.*

Dimensions de l'ovale : *Hauteur* : 51 *millim. Largeur* : 39 *millim.*

Et de la planche : *Hauteur* : 67 *millim. Largeur* : 50 *millim.*

100. *Le Triomphe de la Vierge.*

Grande composition allégorique en hauteur, animée d'une prodigieuse quantité de figures. Chacune de celles qui garnissent le bas, s'appuie sur un bouclier chargé d'inscriptions. D'autres inscriptions se voient soit dans le champ de la composition, soit sur des banderolles voltigeant çà et là. Au centre on aperçoit la Vierge portant une triple couronne, et montant un char magnifique traîné par un lion, un agneau, un aigle et un phœnix. Les armes de Lorraine, supportées par deux aigles, ornent le milieu du bas où on lit à gauche : *Deo ducc... an.* 1625 *Maii.,* et à droite : *F.F. Andr. De LAuge et St. Didelot Authores. Jac. Callot Nobilis Lotharing⁹. In. et Sclup. in aqua fortj. excuditq; Naceij* — Cette inscription fait connaître que l'estampe a été gravée pour décorer une thèse soutenue à Rome, en

---

est rare ; le nom de Callot n'y est pas, mais elle est incontestablement de lui. Il y a au bas de l'ovale une tête de chérubin ; je la crois gravée en Italie ; elle est fort finie et très-difficile à trouver bien imprimée, il paraît même qu'elle n'a pas bien réussi à l'eau forte.»

mai 1625, par André de l'Auge et Etienne Didelot. — La marge du haut contient cette inscription : IVBILATIO TRIVMPHI VIRGINIS DEIPARÆ SVB VRBANO VIII P.P. MAX — Celle du bas contient une dédicace en sept lignes à Charles IV, duc de Lorraine, et à la princesse Nicole, sa femme.

Hauteur : 538 *millim., dont* 12 *de marge au haut et* 32 *au bas. Largeur :* 560 *millim.*

On connaît deux états de cette planche, qui est conservée à Nancy dans le cabinet de M. Thiéry (*) :

(*) L'existence de cette planche originale est contestée par M. Noël, nº 4855 de son Catalogue. L'auteur indique, sans faire connaître l'autorité qui lui fournit ce détail, que la planche dont il s'agit serait restée chez les Capucins, et que, par conséquent, elle n'aurait pas passé à Silvestre et à Fagnani. Cette tradition serait démentie par ce seul fait que les épreuves modernes fournies par cette planche sont en tout semblables aux épreuves anciennes tirées du temps de Callot. L'écriture du maître, facile à reconnaître, est identique dans toutes les épreuves, et l'on n'aperçoit aucune différence entre les tirages qui portent l'*excudit* d'Israël Silvestre, et ceux qui ont précédé cette inscription. Quant à la possession de la planche par Silvestre, le fait est attesté non-seulement par la mention qui s'y trouve inscrite, mais encore par l'inventaire authentique dressé par Moulineau, notaire à Paris, le 10 décembre 1691, après le décès d'Israël Silvestre. Cette planche y est mentionnée sous le nom de *Triomphe de la Vierge.* C'est encore sous cette désignation qu'elle est indiquée au nombre des pièces qui se vendaient à Nancy, à une époque contemporaine de la mort de Callot (V. ci-dessus le manuscrit ancien copié par M. Fachot). Les épreuves de la planche étaient donc alors dans le commerce et la planche elle-même a été vendue à Silvestre par

I. Avant l'*excudit* d'Israël Silvestre ; c'est celui qui vient d'être décrit.

II. On lit au milieu vers le bas : *Israel Siluestre excudit.* | *cum priuil. Regis*

§ III. — Apôtres.

101. *L'Apôtre saint Pierre* (*).

Debout et vu de trois quarts ; il est tourné vers la gauche et lit dans un livre en tenant les clés du Paradis. Au fond on voit, à gauche, Notre Seigneur Jésus-Christ lui remettant les clés, et à droite est représenté le martyre du saint. On lit à la gauche du bas : *Callot F* — Morceau très-chargé de burin.

Hauteur : 86 *millim., dont* 6 *de marge blanche. Largeur :* 38 *millim.*

On connaît trois états de cette planche :

I. Avant la mention : *Callot F* — Très-rare.

II. Avec cette mention ; c'est celui qui vient d'être décrit.

III. La planche a été retouchée ; les plis de la robe ont été repris plus fortement au burin, aussi bien que l'ombre sur le terrain. En cet état, on n'aperçoit plus les travaux du ciel, par suite de l'usure de la planche ; les fonds sont très-affaiblis.

---

les héritiers de Callot. Elle est ensuite devenue la propriété de Fagnani, ainsi que toutes les planches qui avaient appartenu à Israël Silvestre.

(*) Cette pièce a été copiée. De Son a gravé un saint Paul pour faire pendant.

102. *Saint Jean dans l'île de Pathmos* (*).

Il est assis au milieu de l'estampe et retourne la tête au haut où l'on voit, vers la droite, un ange sonnant de la trompette. On lit sur un petit rocher, à la droite du bas : *Iacobus | Callot | In. et Fecit*

Largeur : 106 *millim. Hauteur :* 90 *millim.*

On connaît deux états de cette planche :

I. Avant le nom de l'artiste : la partie où se trouve le petit rocher sur lequel ce nom a été gravé dans le deuxième état est, dans celui-ci, garnie de flots. — *Très-rare.*

II. C'est celui qui vient d'être décrit. — *Rare.*

103. *Saint Paul* (**).

Il est assis à gauche sur un rocher, appuyé sur un livre, et portant la vue vers la gauche du bas. Il fait un geste indicatif vers la droite où, dans le fond, on voit le sujet de sa conversion. On lit au bas à gauche : *Ia. Callot. fecit.* et dans la marge :

Qui lupus ense ferox Saulus lanieuerat Agnos
PAVLVS mox Agnus uulnerat ore lupos.

Ce morceau, qui est gravé au burin, est une copie de celui qui a été gravé par *Swanenburg* d'après *Abraham Bloemaërt.*

Hauteur : 266 *millim., dont* 20 *de marge. Largeur :* 166 *millim.*

(*) Cette pièce a été copiée.

(**) Cette pièce a été copiée.

On connaît deux états de cette planche :

I. C'est celui qui vient d'être décrit. — *Rare.*

II. On lit au bas de la marge à droite : ***P. Mariette excud.***

104-119. *Le Sauveur, la Sainte Vierge, les douze Apôtres et saint Paul, l'apôtre des nations, en pied.*

Suite de seize estampes, y compris le titre, chiffrées de 1 à 13 sur les treize dernières (*).

Hauteur : 139 ***à*** 145 ***millim. Largeur :*** 88 ***à*** 98 ***millim.***

104. *Titre.*

Un grand ange debout au fond, les ailes déployées et la tête environnée de rayons, tient ouvert devant lui un grand livre où est écrit : SALVATORIS BEATÆ | MARIÆ VIRGINIS SANC- | TORVM APOSTOLORVM | ICONES | *A I. Callot Inuentæ, sculptæ, et a Israele* | *amico suo in lucem editæ.* | A PARIS | *Auec Priuilege du Roy, de l'année* 1631. Au bas est un trophée composé des instruments du martyre des Apôtres, passés dans la couronne d'épines du Sauveur.

105. *Le Sauveur.*

Il est vu de face tenant le globe dans la main gauche et donnant la bénédiction de l'autre. Au fond, à droite, le Sauveur crucifié est contemplé par la Sainte Vierge et par saint Jean ; à gauche il sort du sépulcre tenant en main sa croix à laquelle une bannière est attachée. On lit au bas, à gauche : ***Israel excud.,*** et à droite : ***Cum Regis.***

(*) Cette suite a été copiée. Les numéros qu'on remarque sur les épreuves du dernier état des treize dernières planches ont été ajoutés par Fagnani.

106. *La Vierge Marie.*

Pareillement vue de face et les mains jointes, elle prie avec amour en levant les yeux au ciel. Au fond, à droite, est représentée la fuite en Egypte et, à gauche, l'Assomption. On lit au bas de ce dernier côté : *Israel excud.* et à droite : *Cum Priui. Reg.* — Le dessin de cette pièce, au crayon d'Italie, est conservé dans notre cabinet.

107. *Saint Pierre.*

(1) Tourné à gauche, il lit dans un livre qu'il tient des deux mains, en portant de sa droite les clés du Paradis. Au fond, à gauche, on voit le Sauveur remettant les clés au chef des Apôtres, et, à l'opposite, le martyre du saint. On lit à la gauche du bas : *Callot fec.*

Il y a trois états de cette planche :

I. C'est celui qui vient d'être décrit. — *Rare* (*).

II. On lit à la droite du bas : *Israel excud.*

III. Ce dernier mot est suivi du chiffre 1.

108. *Saint Paul.*

(2) L'apôtre des nations est vu de face, lisant dans un livre ; il s'appuie de la main droite sur son épée. Au fond sont représentés, à gauche la conversion du saint, et à droite son martyre. On lit à la gauche du bas : *Callot fec.*

Il y a trois états de cette planche :

I. C'est celui qui vient d'être décrit.

II. On lit à la droite du bas : *Israel excudit.*

III. Ce dernier mot est suivi du chiffre 2.

(*) Cette pièce ainsi que cinq autres de la suite, savoir : saint Paul, saint Jean, saint Philippe, saint Simon et saint Mathias, sont les seules que nous ayons vues avant le nom d'Israël. La suite entière existe probablement ainsi, mais nous ne l'avons jamais rencontrée.

109. *Saint André.*

(3) Il est vu de profil, tourné vers la gauche, s'appuyant sur l'instrument de son martyre et portant deux poissons de la main gauche. Au fond on voit, à droite, une prédication de l'apôtre, et du côté opposé son martyre. On lit au bas, à gauche : ***Israel excud*** et à droite : ***Cum Priuilegio Regis.***

Il y a deux états de cette planche :

I. C'est celui qui vient d'être décrit.

II. On voit à la droite du bas le chiffre 3.

110. *Saint Jacques le Majeur.*

(4) Tourné vers la droite où il étend la main gauche, il presse contre son cœur son bâton de pèlerin, en posant l'autre main sur sa poitrine. A la droite du fond, on voit le saint conduit devant le juge et flagellé ; à gauche, on le voit prêt à subir le supplice de la décollation. On lit au bas, de ce dernier côté : ***Israel excud.*** et à droite : ***Cum Priui. Reg.***

Il y a deux états de cette planche :

I. C'est celui qui vient d'être décrit.

II. On voit à la droite du bas le chiffre 4.

111. *Saint Jean.*

(5) Vu de profil, et tourné vers la gauche, il porte les yeux au ciel en tenant le calice d'où s'échappe l'esprit malin. Au fond, le saint est représenté, à gauche, dans l'ile de Pathmos, et, à droite, dans une cuve d'huile bouillante. On lit à la gauche du bas : ***Callot fec.***

Il y a trois états de cette planche :

I. C'est celui qui vient d'être décrit.

II. On lit au milieu du bas : ***Israel excudit.***

III. Le chiffre 5 se voit à la droite du bas.

112. *Saint Thomas.*

(6) Tourné vers la gauche et regardant de face ; il tient un livre d'une main et s'appuie de l'autre sur une lance. Au fond, à droite, le saint est représenté sondant la plaie du Sauveur, et, à gauche, il est vu subissant son martyre. On lit au bas, de ce dernier côté : *Israel excud.,* et, à l'opposite : *Cum Priui. Reg.*

Il y a deux états de cette planche :

I. C'est celui qui vient d'être décrit.

II. On voit à la droite du bas le chiffre 6.

113. *Saint Jacques le Mineur.*

(7) Tourné vers la gauche, portant un livre d'une main et s'appuyant de l'autre sur une massue. Au fond, à droite, on voit le saint précipité d'un temple, et, à l'opposite, il endure son martyre. On lit au bas, à gauche : *Israel excud.* et à droite : *Cum Priui. Reg.*

Il y a deux états de cette planche :

I. C'est celui qui vient d'être décrit.

II. On voit à la droite du bas le chiffre 7.

114. *Saint Philippe.*

(8) Vu presque de face, il s'appuie de la main gauche sur une croix, en retournant la tête à gauche pour lire dans un livre qu'il soutient de l'autre main. Au fond sont représentés, à gauche, la défaite d'un dragon, et, à l'opposite, le martyre du saint. On lit à la droite du bas : *Callot fec*

Il y a trois états de cette planche :

I. C'est celui qui vient d'être décrit.

II. On lit à la gauche du bas : *Israel excud.*

III. Le chiffre 8 se voit à la droite du bas.

115. *Saint Barthélemy.*

(9) Tourné vers la gauche, il lève les yeux au ciel en tenant un couteau de la main gauche et posant l'autre sur son cœur. Au fond

sont représentés, à gauche, un exorcisme, et, à l'opposite, le martyre du saint. On lit au bas, à gauche : *Israel excud* et à droite : *Cum priui. Reg.*

Il y a deux états de cette planche :

I. C'est celui qui vient d'être décrit.

II. On voit à la droite du bas le chiffre 9.

116. *Saint Mathias.*

(10) Tourné de profil à droite, il lit dans un livre en tenant une hallebarde. Au fond, à gauche, le saint administre le baptême à un roi prosterné à ses pieds, et, à droite, on voit son martyre. Les mots *Callot fec.* sont gravés à la droite du bas.

Il y a trois états de cette planche :

I. C'est celui qui vient d'être décrit.

II. On lit à gauche, vers le bas : *Israel excud.*

III. Le nombre 10 est gravé à la droite du bas.

117. *Saint Simon.*

(11) Tourné de profil, à droite, et appuyé sur une scie, il lit dans un livre à l'aide de lunettes. Au fond, on voit à gauche l'un des miracles du saint, et, à l'opposite, son martyre. On lit au bas, vers la gauche : *Callot fec.*

Il y a trois états de cette planche :

I. C'est celui qui vient d'être décrit.

II. On lit à la droite du bas : *Israel excud.*

III. Ces derniers mots sont suivis du nombre 11.

118. *Saint Matthieu.*

(12) Tourné de profil à droite; il joint les mains en s'appuyant sur une épée. Au fond, on voit, à droite, le Seigneur qui l'appelle à sa suite, et, à l'opposite, son martyre. Les mots : *Israel excud.* | *Cum Priui. Regis* sont gravés à la droite du bas.

Il y a deux états de cette planche :

I. C'est celui qui vient d'être décrit.

II. Le nombre 12 se voit à la droite du bas.

119. *Saint Thaddée.*

(13) Tourné de profil à gauche, il tient d'une main un couperet et porte l'autre vers sa poitrine. Au fond, à gauche, on voit le saint administrant le baptême, et, à l'opposite, il endure le martyre. On lit au bas, à gauche : *Israel excud.*, et à droite : *Cum Priui. Reg.*

Il y a deux états de cette planche :

I. C'est celui qui vient d'être décrit.

II. Le nombre 13 se voit au-dessus des mots *Israel excud.*

120-135. *Le Martyre des Apôtres* (*).

Suite de seize estampes, y compris le titre, qui porte 72 *millim. de haut sur* 45 *millim. de large.*

Dimensions des autres morceaux : *Hauteur :* 69 *à* 72 *millim. Largeur :* 43 *à* 46 *millim.*

On connaît trois états de ces planches qui sont conservées dans notre cabinet. — Les indications suivantes s'appliquent seulement aux quinze derniers morceaux. Les différences spéciales au titre seront expliquées ci-après.

I. Avant l'adresse d'*Israel* et avant les numéros ; c'est celui que nous décrirons en suivant l'ordre fourni par le troisième état. — *Rare.*

II. Pareillement avant les numéros ; mais, sur les quinze derniers morceaux, on lit au milieu du bas de la marge : *Israel ex.* ou *Israel excud.* ou *Israel excudit.*

III. Les planches ont été chiffrées, de 1 à 15, à droite dans la marge des quinze derniers morceaux ; ces numéros ont été ajoutés par Fagnani.

(*) Cette suite a été copiée.

120. *Titre.*

Notre Seigneur, attaché à l'arbre de la croix, est environné, au haut, des légions célestes. Cette croix est posée sur une montagne entourée des Apôtres, célébrant la gloire du Sauveur, parmi lesquels on remarque saint Pierre et saint Paul assis aux côtés du bas. Sur le tombeau du Rédempteur, dans une cavité de la montagne, est écrit : MARTIRVVM | APPOSTOLO | RVM ; plus bas, sur une pierre : ***Jac. Callot | In. et fecit***

On connaît trois états de cette planche :

I. Avant toute inscription autre que celle : ***Jac. Callot | In. et fecit* — *Très-rare.***

II. C'est celui qui vient d'être décrit. — ***Rare.***

III. On lit, en outre, sur le tombeau : ***Israel excud*** et, sur la croix que tient saint Pierre : ***Cum priuileg. Regis.***

121. *Le Martyre de saint Pierre.*

(1) On lit dans la marge : ***Mar. Beati Petri Appostoli.***

122. *Le Martyre de saint Paul.*

(2) ***M. B. Pauli Appos.***

123. *Le Martyre de saint André.*

(3) ***M. B. Andreæ Appos.***

124. *Le Martyre de saint Jacques le Majeur.*

(4) ***M. B. Iacobi Maioris Ap.***

125. *Le Martyre de saint Jean.*

(5) ***M. B. Ioannis Appos.***

126. *Le Martyre de saint Thomas.*

(6) ***M. B. Thomæ Appos.***

127. *Le Martyre de saint Jacques le Mineur.*

(7) ***M. B Iac. Minoris Appos.***

128. *Le Martyre de saint Philippe.*

(8) ***M. B. Philippi Appos.***

129. *Le Martyre de saint Barthélemy.*

(9) ***M B. Bartholomæi Appos.***

130. *Le Martyre de saint Simon.*

(10) ***M. B. Simonis Appos.***

131. *Le Martyre de saint Mathias.*

(11) ***M. B. Mathiæ Appos.***

132. *Le Martyre de saint Thaddée.*

(12) ***M. B. Thadæi Appos.***

133. *Le Martyre de saint Matthieu.*

(13) ***M. B. Mathæi Appos.***

134. *La Mort de Judas.*

(14) ***Mors funesta Iudæ Proditoris.***

135. *Le Martyre de saint Barnabé.*

(15) ***M. B. Barnabæ Appos.***

§ IV. — Saints et épisodes de la vie des saints.

136. *Le Martyre de saint Laurent.*

Le saint est étendu sur le gril au milieu de l'estampe, la tête environnée d'une auréole et élevant le bras droit. On remarque, au fond, un temple en rotonde, et, dans le

haut du ciel, la Sainte Vierge assise sur un nuage. Plus bas, un ange descend vers le saint et lui apporte la palme du martyre. Composition en hauteur, dans un ovale bordé de plusieurs filets entre deux desquels on lit au bas : *Iac. Callot in. et Fec.*

Dimensions de la composition avec sa bordure : *Hauteur :* 69 *millim. Largeur :* 54 *millim.*

Et de la planche : *Hauteur :* 76 *millim. Largeur :* 58 *millim.*

Il y a deux états de cette planche :

I. Avant la bordure et avant l'inscription rapportée. — *Très-rare.*

II. C'est celui qui vient d'être décrit (*).

137. *Le Martyre de saint Sébastien* (**).

Le saint est attaché à un poteau, au milieu de l'estampe, dans un vaste emplacement dont les côtés sont bornés par les restes de monuments somptueux et, au fond, par une ville décorée de superbes édifices. Cet emplacement est garni, aussi bien que les ruines qui l'environnent, d'un grand nombre de spectateurs. Deux archers se remarquent à la gauche du premier plan, tendant leurs

---

(*) Ce second état présente quelques différences consistant en travaux ajoutés à la pièce ; mais ils sont peu considérables et difficiles à caractériser.

Le second martyre du même saint, qu'on attribue généralement à Callot, n'est pas de lui.

(**) Cette pièce a été copiée. Le dessin original est au Louvre. Voyez, sur ce dessin, notre première partie, note 15, p. 110.

arcs et visant au patient. On lit à la droite du bas : *Callot In et fec.*

Largeur : 327 millim. Hauteur : 160 millim.

Il y a deux états de cette planche, qui se conserve à Nancy dans le cabinet de M. Thiéry (*).

I. C'est celui qui vient d'être décrit.

II. On lit en avant du nom du maître : *Israel Siluestre ex.* { *cum priuil. Regis.*

138. *La Tentation de saint Antoine* (**).

On voit, dans le haut, une figure fantastique qui vomit des milliers de diables. Vers le milieu, à gauche, un fleuve court sous un rocher, en se dirigeant vers la droite, et passe non loin du saint tourmenté par les démons à l'entrée d'une caverne. A l'angle droit du bas plusieurs diables cornus boivent dans des verres ; tout à côté, un autre diable pince de la guitare ; à gauche, sur un rocher, se voit une ronde de démons, et, dans le reste de la composition, on aperçoit une foule de figures diaboliques. — Morceau anonyme. — *Très-rare.*

Largeur : 437 millim. Hauteur : 376 millim., dont 15 millim. de marge blanche.

Cette pièce, qui est tout à fait dans le goût de Callot, a dû être

(*) On en signale un troisième, antérieur à ceux que nous indiquons et qui en différerait en ce qu'on ne verrait pas de flèches à terre. Nous ne l'avons jamais rencontré.

(**) Cette pièce a été copiée en contre-partie par Mei Tinghi dans de plus fortes proportions.

gravée à Florence à une époque contemporaine de la Guerre d'amour et des Batailles des Médicis, c'est-à-dire, vers 1615. On y trouve plusieurs pensées qui seront développées plus tard et mieux exprimées dans la pièce dédiée au duc de la Vrillière et que nous décrivons ci-après, n° 139. Cette remarque est surtout sensible à l'égard d'une femme traînée sur le squelette d'un animal fantastique qui s'aperçoit dans les deux compositions.

On croit que Callot n'a pas publié cette planche, dont il n'a dû être tiré que quelques épreuves d'essai. Il la rapporta en Lorraine où, suivant le témoignage de Gersaint (Catalogue de M. de Lorangère, p. 69 et 70), elle fut retrouvée vers 1740, mais entièrement ruinée par le vert de gris et sans aucune ressource. Le même fait est attesté par Dom Calmet (Bibliothèque lorraine, col. 198), qui ajoute que la planche, ainsi détériorée, était coupée en deux.

Mariette s'exprime ainsi au sujet de cette pièce, folio 27 de ses notes manuscrites : « Elle est spirituellement touchée. Je n'y vois point le nom de Callot ; mais il a pu y être mis depuis, car l'épreuve que j'ai sous les yeux est tellement des premières, qu'il y a plusieurs endroits qui ne sont pas finis et qui ont été retouchés par Callot lui-même au pinceau et au bistre. » (Cette particularité se retrouve dans l'épreuve conservée à la bibliothèque impériale.)

» Callot a dû graver cette tentation dans le même temps qu'il était occupé à graver les Batailles de Médicis, car j'ai vu une épreuve d'une desdites batailles, la planche n'étant pas encore finie (c'est celle où il y a, dans le milieu, un cavalier qui vient en avant), au verso de laquelle épreuve il y avait plusieurs pensées de monstres et de figures grotesques dessinées par Callot, pour introduire dans ledit sujet de la tentation ; et l'on voit par là que, dans le temps qu'il gravait ladite planche des Batailles, il avait l'idée pleine de pensées pour ladite tentation, lesquelles il mettait alors sur le papier. Cette épreuve singulière est dans l'œuvre de Callot qu'avait rassemblé l'abbé de Villeloin. »

Nous avons dit, note 15, p. 109 de notre Biographie de Callot, que M. Boulle avait possédé le dessin de cette pièce. C'est une erreur provenant de ce que nous avions mal compris le sens d'une note de Mariette qui dit au contraire dans un autre passage : « Le dessin de cette pièce a été fait durant le séjour que Callot fit à Florence où ce dessin se conserve encore dans la galerie du grand duc. » Mariette l'y avait vu, sans aucun doute, et dès-lors il est difficile d'admettre que ce dessin soit le même qui a figuré en 1767 à la vente de M. de Julienne et que nous avons signalé p. 110 de notre Biographie. Du reste, il n'est pas impossible que Callot ait fait deux dessins pour la pièce qu'il a gravée à Florence, comme il en a fait deux pour la composition dédiée au duc de la Vrillière. Ce sont ces deux derniers qui ont été possédés par M. Boulle et que Mariette a vus dans la collection de cet amateur. Il paraît, du reste, que Callot s'est souvent essayé sur ce sujet. C'est du moins ce qu'on peut induire de deux articles du Catalogue de M. Paignon-Dijonval (nos 2508 et 2251) que nous avons rapportés p. 111 et 112 de notre Biographie.

139. *Autre Tentation de saint Antoine* (*).

Composition autrement traitée que la précédente. Elle est peuplée d'une quantité prodigieuse de démons qui ont emprunté les formes les plus hideuses, les attitudes les plus variées, pour tourmenter saint Antoine retiré dans le désert. Ces figures diaboliques paraissent avoir été vomies par l'esprit malin, enchaîné au haut de l'estampe, et qui en vomit encore. A droite, vers le bas, on voit saint Antoine entouré d'une légion infernale qui cherche à l'entraîner vers une partie de la composition où de nouveaux tourments attendent le saint ermite. On

---

(*) Cette pièce a été copiée et imitée plusieurs fois.

lit à gauche, vers le bas, entre les jambes d'un démon qui met le feu à une machine infernale d'un genre tout particulier : *Jac. Callot Inuen. et fe* — Dans la marge ornée, au milieu, des armoiries du dédicataire, est une dédicace, en latin, adressée par l'artiste à M. Louis Phelipeaux de la Vrillière, et suivie de dix vers latins en deux colonnes égales. On lit au bas de la planche, à droite et à gauche des armoiries : *Cum Priuil. Reg. Israel excu* 1635. — *Cette pièce est un des chefs-d'œuvre du maître.*

Largeur : 459 *millim. Hauteur :* 359 *millim., dont* 45 *de marge.*

Il y a quatre états de cette planche, qui est conservée, à Nancy, dans le cabinet de M. Thiéry.

I. Dans le premier vers, à la gauche des armes, on lit : *Informes laruæ caecis.....* et le quatrième vers de la même colonne commence par *Vot scelerum...* — *Extrêmement rare.*

II. Au quatrième vers dont on vient de parler, on lit : *Tot* au lieu de *Vot.* Le changement dans les armes qui va être indiqué n'a pas encore été effectué. — *Très-Rare.*

III. Dans les deux états précédents on ne voit que dix rosettes dans les armoiries du dédicataire. On en voit ici vingt et une ; de plus, entre les mots : IVSSIONVM et VIRO qui se lisent à la fin de la première ligne de la dédicace, on a ajouté IIII ; le mot *caecis* du premier vers de gauche a été changé en *cæcis ;* enfin, dans l'avant-dernier vers de la colonne de droite, les mots *reparans que* ont été unis par deux traits (*reparans=que*).

IV. A une époque qu'on ne peut trop préciser, mais qui est postérieure au troisième état de la planche, un accident (peut-être un trait de burin) a produit une raie coupant à peu près perpendiculairement le nuage qui se trouve vers le haut de l'estampe, à gauche, entre le bras et l'aile du démon vomissant. Ce trait est d'autant plus sensible que les épreuves sont anciennes. Dans les épreuves du jour, on n'en voit que quelques traces (*).

(*) M. Bonnardot annonce qu'il existe une épreuve de cette pièce, avant le texte et les armoiries, et qui constituerait un état antérieur à ceux que nous avons décrits. Il ne l'a pas vue plus que nous ; mais il indique qu'elle l'a été par M. Delajariette de Nantes. On pourrait supposer qu'il existe encore un autre état, dans lequel le dernier mot du troisième vers de la colonne, à droite, serait écrit *ferrent* au lieu de *terrent*, et le mot *terris* du dernier vers (même colonne) serait écrit *ferris*. Toutes ces indications sont conjecturales.

Mariette apprécie ainsi cette pièce : « Callot l'a gravée dans les dernières années de sa vie, et c'est un de ses plus beaux ouvrages. *C'est même, dans son espèce, un chef-d'œuvre de l'art.*

Voici, d'un autre côté, ce qu'on lit dans Hoffman : « L'ironie qui met en conflit l'homme et la brute pour tourner en dérision les habitudes et les façons mesquines de l'homme est le symptôme d'un esprit profond ; et c'est ainsi que les figures grotesques de Callot, à moitié humaines, à moitié bestiales, dévoilent à l'observateur judicieux et pénétrant toute la secrète morale qui se cache sous le masque de la scurrilité. Combien, sous ce rapport, n'y a-t-il pas d'invention dans ce diable de la *Tentation de saint Antoine,* dont le nez, transformé en arquebuse, se dirige menaçant contre le saint ermite ? Le joyeux diable artificier, et l'autre qui joue de la clarinette en se servant d'un organe tout particulier pour souffler dans son instrument, ne sont pas moins divertissants. » (Fantaisies à la manière de Callot, traduction de M. Henry Egmont.)

Mariette avait vu, chez M. Boulle, deux dessins et plusieurs études qui se rapportent à cette pièce. Voici ce qu'on lit, à cet égard, au folio 64 de ses notes manuscrites : « M. Boulle en a le dessin qui est très-beau. Il est légèrement fait, lavé de bistre, le

140. *Saint Nicolas ou Saint Séverin* (*).

Il annonce la parole de Dieu à une foule de peuple venu pour l'entendre à l'entrée d'une forêt. De la main gauche il tient une crosse dont l'extrémité supérieure dépasse les rayons qui environnent sa tête. La gauche du fond présente un ermitage à côté duquel, à l'extrême gauche, on voit un puits environné de deux prêtres qui administrent le baptême à trois personnages et à un couple de néophytes agenouillés non loin de deux figures

---

trait au crayon noir. Il fallait être aussi foncé dans le dessin que l'était Callot pour graver quelque chose d'aussi fini d'après un dessin si peu arrêté ; c'est aussi le motif pour lequel il y a tant d'esprit dans la gravure.

» M. Boulle a encore un grand dessin du même sujet, par Callot, qui est très-beau et exécuté dans la même manière que celui dont il est fait mention plus haut. Il y a de grandes différences ; mais, en général, on voit que c'est ce qui l'a mené au second dessin qu'il a gravé, et l'on peut juger de là et des autres études que j'ai vues chez le même M. Boulle, faites sur le même sujet, combien Callot se donnait de soins pour ses ouvrages. Ces deux dessins ont été vendus 200 livres à la vente de Boulle, en 1732. » L'un d'eux a figuré dans la collection de M. de Lorangère, dont il est sorti en 1744. Ils ont reparu l'un et l'autre à la vente Wouters, en 1797.

(*) Nous ne savons sur quelle tradition on se fonde pour penser que cette estampe représente Saint Nicolas ou Saint Séverin. La note suivante de Mariette confirme nos doutes sans les dissiper : « Je ne suis pas bien assuré que le saint doive s'appeler Saint Nicolas. Ce n'est pas certainement Saint Nicolas de Barri ; c'est un saint de Lorraine. »

debout. Un second couple de figures, s'entretenant, se remarque vers la droite, non loin d'un petit bâtiment attenant à l'ermitage et le groupe dont il nous reste à parler. Enfin, un groupe de cinq figures, dont un enfant, se voit en avant de toutes celles dont il vient d'être question. — Morceau gravé à l'eau forte et fini au burin.

Largeur : 280 *millim. Hauteur :* 219 *millim., dont* 24 *de marge blanche.*

On connaît trois états de cette planche, qui se conserve dans notre cabinet :

I. C'est celui qui vient d'être décrit. Il ne porte pas le nom du maître. — *Extrêmement rare.*

II. On lit à la gauche du bas de la composition : ***Iac Callot f*** La crosse ne dépasse plus les rayons dont la tête du saint est entourée. Le groupe de cinq personnes qui se voit à la gauche du fond, en avant des différents couples que nous avons indiqués, a été respecté ; mais on ne voit plus de puits à l'extrême gauche. Au lieu de deux prêtres on n'en voit plus qu'un ; c'est celui qui baptisait trois figures, lesquelles subsistent toujours, aussi bien que le couple qui les accompagnait. On a enlevé le couple de figures s'entretenant, ainsi que le petit bâtiment attenant à l'ermitage; ils ont été remplacés par un puits en avant duquel un prêtre administre le baptême à deux néophytes agenouillés, en présence de deux figures debout derrière eux.

III. On lit, tout au bas de la marge, à droite : ***Israel Siluestre excudit cum priuil. Regis.***

141. *Le Miracle de saint Mansuy.*

Cette pièce, improprement appelée ***Saint Mansuet*** ou *la Raquette,* représente Saint Mansuy, évêque de Toul, sous la figure de M. Jean de Porcelet de Maillane, évêque de Toul, dont les armoiries se remarquent au bas de sa chape. L'évêque est vu debout, au milieu de l'estampe, environné de ses acolytes et suivi d'un prince accompagné de sa cour. Il ressuscite le fils de ce prince, tué d'un coup de balle de paume, et qu'un serviteur s'efforce de mettre sur son séant. Le fond représente un combat à la barrière qui se livre près des jardins de l'abbaye de Saint-Mansuy, et le dernier plan est terminé par le mont Saint-Michel, près de Toul. On lit dans la marge une longue inscription latine, en quatre lignes, commençant par : *S. Mansuetus*,.. et finissant ainsi : *olim Bruno Tullensis Antistes consecrauit*. — Morceau gravé à l'eau forte et terminé au burin.

Largeur : 270 millim. Hauteur : 227 millim., dont 24 de marge.

On connaît huit états de cette planche :

I. Avant la raquette qui se voit, dans les états postérieurs, aux pieds du jeune prince, et avant les armoiries sur la chape de l'évêque. — *De toute rareté* (*).

II. Avec la raquette et les armoiries, mais avant la boule qui, dans les états postérieurs, se voit près de la main gauche du jeune prince. — *Extrêmement rare.*

III. Avec la raquette, les armoiries et la boule, mais avant le nom de l'artiste qui, dans les états suivants, se lit à l'angle gauche du bas. — *Très-rare.*

IV. On lit à gauche, vers le bas, sur la berge de la rivière bai-

(*) Nous n'avons point rencontré d'épreuves de cet état ; mais leur existence est attestée par Mariette, qui déclare en avoir vu une dans l'œuvre de M. de Beringhem.

gnant la composition : *Callot f.* 1616. Cette date, qui s'aperçoit distinctement, a été en partie effacée depuis. — *Très-rare encore* (*).

V. On ne voit plus en cet endroit que les mots *Callot f.* suivis de caractères ou chiffres inintelligibles. — *Rare.*

VI. Après le nom de Callot, qui subsiste toujours, on a formé de l'f, et du surplus de l'écriture, un millésime très-difficile à déchiffrer le plus ordinairement, mais qui paraît être celui de l'année 1616. — *Rare encore.*

VII. Les tailles verticales de la berge qui, dans les deux états précédents, entouraient les caractères ou chiffres à la suite du nom de Callot, ont été enlevés au grattoir de manière à produire un blanc sur lequel ces caractères se détachent sans être pour cela plus lisibles. On ne voit pas encore le trait dont nous allons parler.

VIII. La figure du jeune homme placé dans le cortége derrière le prince, et qui paraît le toucher, est coupée par un trait qui traverse le front, l'œil et la joue droite. Ce jeune homme est celui dont on ne voit que la tête et une partie du pourpoint. Cette remarque est sensible dans toutes les épreuves de cet état que nous avons rencontrées.

Aucune pièce de Callot n'a donné lieu à plus de discussions. La source de ces difficultés se trouve dans Félibien, ordinairement si exact, et que les historiens, de même que les iconographes, se sont empressés de copier. Voici le passage de Félibien : « La première pièce que Callot fit (à Florence) fut S. Manssu, évêque de Toul, qui ressuscite un jeune prince mort subitement en jouant à la paume. Dans l'estampe qu'on en voit, il y a plusieurs figures et un paysage où paraît dans l'éloignement le palais épiscopal de la ville de Toul.

(*) L'indication de cet état appartient à Mariette, qui l'a constaté sur l'épreuve que possédait M. de Lorangère.

Comme il n'avait pas encore une entière pratique de l'eau forte, cette pièce est presque toute au burin. »...

Constatons d'abord qu'il n'y a rien à conclure, ni pour ni contre l'opinion ci-dessus, de la date presque illisible qu'on aperçoit à gauche dans les derniers états de la planche. Cette date a évidemment été ajoutée après coup ; il ne faut donc pas s'en préoccuper pour décider si cette pièce est la première que Callot fit à Florence.

La négative est incontestable. Il suffit de jeter les yeux sur le fond de l'estampe pour s'assurer qu'il est entièrement gravé à l'eau forte, sans travaux au burin, lesquels s'aperçoivent seulement au second plan et au troisième.

Si maintenant on rapproche cette gravure des huit pièces exécutées à l'eau forte par Callot pour la Pompe funèbre de la reine d'Espagne, laquelle a paru en février 1612, et de la pièce au burin appelée l'Enfer, le Purgatoire ou le Puits, laquelle est aussi de la même année, on demeurera convaincu que le Saint-Mansuy, qui présente un mélange fort heureux de pointe et de burin, est bien supérieur aux morceaux que nous venons d'indiquer.

Pour que le Saint-Mansuy fût, comme le dit Félibien, la première pièce gravée par Callot à Florence, il faudrait qu'il eût été fait avant les pièces de la Pompe funèbre de la reine d'Espagne, c'est-à-dire, avant la fin de 1611. Or, cela est de toute impossibilité ; car le fond de la pièce représente trop exactement les environs de Toul et l'abbaye de Saint-Mansuy pour que Callot, qui avait quitté la Lorraine à l'âge de quinze ou seize ans, ait pu graver, trois années plus tard, et de souvenir, le paysage du fond avec autant d'exactitude. Ensuite, il paraît à peu près certain, comme le dit Dom Calmet, que, sous la figure de Saint-Mansuy, Callot a représenté Jean de Porcelet de Maillane, évêque de Toul. C'est du moins ce que rend extrêmement probable la présence des armes de la famille de Porcelet qu'on voit gravées, à gauche, au bas de la chape de l'évêque. Comment Callot aurait-il eu la pensée et la possibilité d'exécuter un semblable travail à Florence ?

Il paraîtrait donc assez vraisemblable que la pièce qui nous occupe a été gravée en Lorraine de 1622 à 1626. Deux circonstances semblent conduire à ce résultat : c'est, d'une part, l'exactitude avec laquelle l'artiste a reproduit le paysage du fond ; et, d'autre part, la longue inscription de la marge qui rappelle les principaux faits à la gloire de saint Mansuy et de plusieurs autres évêques de Toul, ses successeurs. Tout paraît donc faire présumer que c'est sur les lieux, à la demande et d'après les renseignements de l'évêque de Porcelet, que la pièce a été gravée. Telle est aussi l'opinion du père Husson que nous avons rapportée ci-dessus, note 14 de la biographie.

Un dernier indice ne doit pas être négligé. M. de Porcelet de Maillane, évêque de Toul, qui est représenté sous la figure de saint Mansuy, est mort à Nancy le 14 septembre 1624, à l'âge de 44 ans. Il était l'oncle des marquis de Gerbéviller, dont l'un, le comte de Tornielle, avait conduit Callot à Rome en 1608. N'est-ce pas alors la reconnaissance envers cette famille qui a engagé Callot à faire cette pièce ? Il nous semble qu'on a donné quelquefois comme des certitudes des hypothèses beaucoup moins vraisemblables.

L'opinion que nous venons d'exprimer avait paru rationnelle à Mariette, avant qu'il eût vu l'épreuve de M. de Lorangère, sur laquelle on lit distinctement la date de 1616. Cette date n'est plus en harmonie avec la version suivant laquelle la pièce aurait été gravée en Lorraine ; car elle correspond à une époque où Callot était à Florence. Si cette date est authentique, il faut admettre que ce morceau a été commandé par M. de Porcelet à Callot, qui l'a exécuté d'après un dessin envoyé de Lorraine. C'est l'opinion à laquelle s'arrête Mariette, et c'est la seule avec laquelle puisse se concilier la date de 1616.

Nous laissons, au surplus, parler Mariette, dont nous reproduisons successivement les notes, dans leur ordre chronologique, et en tenant compte des additions de l'auteur :

« Saint Mansuet, premier évêque de Toul, ressuscitant le fils d'un des princes du pays, inventé et gravé par Jacques Callot en partie à l'eau forte et en partie au burin.

» Il y a des épreuves, mais elles sont d'une grande rareté, où il n'y a point encore d'armoiries sur la chape de l'évêque ni de raquette au pied du jeune homme. La date, le nom de Callot ne sont pas encore gravés. Telle est une épreuve qui est dans l'œuvre de M. Beringhen.

» Je crois voir sous la figure d'un garde, qui est au coin de la planche, le portrait de Callot et le portrait du duc de Lorraine sous la figure du jeune seigneur, qui a un ordre de chevalerie. — A l'égard des armes qui sont sur la chape du saint, ce sont celles de Jean des Porcelets, évêque de Toul, mort en 1626 » (lisez 1624).

Sur une note détachée et d'une autre encre, Mariette a écrit : « Les différences qui se rencontrent au saint Mansuet prouvent que ce n'est pas la première pièce qu'il ait gravée à l'eau forte. C'est une faute de Félibien de l'avoir dit ; Callot n'a même dû graver cette pièce qu'à Nancy. » Plus tard, Mariette a fait suivre cette note de la mention suivante : *Cela mérite un examen particulier.*

Mariette a effectivement fait cet examen, dont il a consigné le résultat dans les termes suivants : « Le saint Mansuet a dû être gravé à Florence, puisque, sur les épreuves, on lit la date de 1616 (*), et il est encore certain que la planche a été faite pour Jean des Porceletz (**) ou du moins qu'elle a été faite pour être présentée à ce prélat ; car ce sont ses armoiries qu'on voit sur le bord de la chape du saint. Il n'y avait que quatre années que Callot était à Florence, et, dans cette même année (1616), il publia la suite des Bossus (***), les trois intermèdes et la *Festa per la venuta*

(*) On lit ici en note et d'une autre encre : « La pièce porte la date de 1613 ; le Père Husson la cite aussi sous la même date. »

(**) « Voyez sur cet évêque de Toul ce qui se voit à l'éloge du Père Husson » (note de Mariette).

(***) Ceci est une erreur que Mariette a reconnue lui-même dans

del Duca d'Urbino in Firenze (la Guerre d'amour). Il se pourrait que cette planche du saint Mansuet lui ait été commandée par quelque Lorrain qui se trouvait alors à Florence et qui envoya de là la planche en Lorraine, car jamais cette planche n'a appartenu à Callot; autrement elle se serait trouvée dans le fonds d'Israël qui acquit toutes les planches de Callot, et celle-là n'y était pas (*). Ce Lorrain était peut-être le même qui, dès les premiers moments de l'arrivée de Callot à Florence, lui donna à graver cette généalogie des Porcelets, dont M. de Clerambault avait une épreuve. »

Enfin Mariette a consigné cette dernière note, à laquelle il n'a fait aucune rectification : « L'épreuve que M. de Lorangère a dans son œuvre est encore avec l'arme sur la chape ; *mais on y lit distinctement la date de* 1616 *qui a été effacée depuis ;* d'où il s'en suivrait que Callot aurait gravé cette planche en Italie pour être envoyée en Lorraine, ce qui ne me paraît pas hors de vraisemblance. »

142. *Saint François d'Assise.*

En demi-corps, tourné vers la gauche et la tête environnée de lumière, le saint porte un livre de la main gauche et donne la bénédiction de l'autre.—Pièce ovale, dont les angles sont garnis d'ornements en rinceaux. On lit dans la marge : ***Vera. SS. Francisci Effigies.***

Hauteur : 63 millim., dont 7 de marge. Largeur : 45 millim.

---

un autre endroit. Bien que les Bossus soient datés de 1616, ce millésime ne se rapporte qu'aux dessins de la suite et non à la publication; car le titre mentionne expressément ***excudit Nancei.***

(*) Effectivement elle ne figure pas dans l'inventaire dressé après le décès de Silvestre, acquéreur des planches qui faisaient partie de la succession de Callot.

On connaît deux états de cette planche :

I. Avant le nom du maître ; c'est celui qui vient d'être décrit. — *Rare.*

II. On lit tout au bas de la marge, à droite : *Callot f.*

143. *Saint François dans un lis* (*).

Morceau, connu sous le titre de *Saint François dans la tulipe,* dans lequel on voit un lis, symbole de la pureté, s'élevant du milieu du bas et dont le calice donne naissance au Bienheureux qui en est sorti jusqu'à la ceinture. Il est vu de face, la tête environnée de lumière, et les bras croisés sur sa poitrine. Deux cartouches emblématiques sortent d'une plante aux côtés du bas. — Morceau anonyme.

Hauteur : 55 millim., dont 3 de marge. Largeur : 38 millim.

144. *Saint François d'Assise à la croix de Lorraine.*

Nous n'avons jamais rencontré cette pièce, qui est inexactement décrite par Gersaint, p. 69 du Catalogue de Quentin de Lorangère. Elle a été vue par Mariette, qui s'exprime ainsi : « Saint François d'Assise en demi-figure, portant de la main gauche un livre fermé et tenant de la droite une croix de Lorraine à deux croisillons. Il a la tête couverte de son capuchon. — Cette pièce est du plus fini de Callot ; elle est exécutée dans la même ma-

---

(*) Il y a une copie en contre-partie. — La planche originale et celle de la copie sont conservées à Nancy dans le cabinet de M. Thiéry.

nière que la Grande Thèse et a dû être gravée en même temps, c'est-à-dire, vers l'an 1625, depuis le retour de Callot en Lorraine. Il la fit sans doute pour quelque religieux capucin. La planche est restée cachée dans quelque monastère. A peine en trouve-t-on des épreuves. C'est une des plus rares de l'œuvre ; à l'épreuve que j'ai vue dans l'œuvre de M. de Lorangère, qui était très-belle, il n'y avait pas le nom de Callot. »

» *Hauteur* : 3 *pouces* 6 *lignes, y compris la place pour l'inscription. Largeur :* 2 *pouces* 8 *lignes.* »

145. *L'Arbre de saint François* (*).

La sainte Trinité descend dans sa gloire sur un arbre s'élevant au milieu de l'estampe et sous lequel sont en adoration douze religieux franciscains. Un couvent se voit dans le fond. — Morceau anonyme.

Hauteur : 188 *millim. Largeur :* 186 *millim.*

(*) Cette pièce était autrefois d'une rareté extraordinaire. Elle l'était déjà moins du temps de Mariette, quoiqu'elle le fût encore. Depuis, la planche a été retrouvée, et les épreuves en sont devenues très-communes; elle est conservée, à Nancy, dans le cabinet de M. Thiéry. — M. Bénard (Catalogue Paignon-Dijonval, numéro 5862) indique qu'il y a des épreuves avec le nom de Callot, ce qui impliquerait l'existence de deux états : le premier, avec le nom de Callot, qui aurait été effacé depuis ; et le second, sans le nom du maître. Nous croyons que c'est une erreur et que le nom de Callot n'a jamais existé sur cette pièce.

146. *Sainte Marie-Victoire* (*).

Cette pièce, improprement appelée *Sainte Thérèse,* représente sainte Marie-Victoire *Fornari.* Cette sainte était de Gênes, où elle a fondé l'ordre des *Annonciades célestes.* Elle est vue à genoux, devant un crucifix, et semble proférer ces mots tracés sur une banderolle, mais qu'on lit imparfaitement même à l'aide d'une loupe : *Pugnasti pro me* (mot de trois lettres illisible) *et uicisti.* Au fond, à travers une arcade, on aperçoit la même sainte, dans un paysage, adorant la Vierge et l'Enfant Jésus vus au ciel. On lit dans la marge : *V. D. S. M. Maria Victoria Monialium B. M. V. Annunciatæ | Genuæ fundatrix Obijt Die XV Dec. M.D.C.X-V-II. Aetatis suae An LV.* — Morceau anonyme, gravé au burin. — *Très-rare.*

Hauteur : 97 *millim. Largeur :* 60 *millim.*

(*) Mariette indique dans ses notes (folio 63) que cette pièce a été gravée par Callot, à Nancy, depuis son retour d'Italie. Cette opinion ne paraît pas concorder avec celle de Gersaint, suivant lequel la pièce représentant sainte Marie-Victoire aurait été gravée en même temps que celle dite le *Petit Prédicateur*, que nous rangeons parmi les pièces douteuses. Nous ne savons sur quel document Mariette appuie son opinion ; mais il est certain que Callot était à Florence en 1617, et il est vraisemblable qu'il grava cette pièce à une époque contemporaine de la mort de la sainte ou de sa canonisation.

147-152. *Les Pénitents et Pénitentes* (*).

Suite de six estampes, y compris le titre gravé par *Abraham Bosse*, et non chiffrée.

147. *Titre.*

(1) Espèce de catafalque garni de pots à feu, de draperies et d'instruments de mortification. On lit au haut : LES | PÉNITENTS | ET | PÉNITENTES | PAR | JACQVES CALLOT ; sur la plinthe du monument : *Auec Priuilege du Roy.* ; et dans la marge, à droite : *Israel ex.*

Hauteur : 68 *millim., dont* 4 *de marge. Largeur :* 42 *millim.*

148. *Saint Jean-Baptiste.*

(2) Saint Jean-Baptiste enfant dans le désert. Il prie agenouillé, à gauche, au pied d'un tertre, à l'ombre d'un arbre. On lit dans la marge, au milieu : *S. Ioannes;* à gauche : *Callot fe. Israel ex.* et à droite : *Cum priuileg. Regis.*

Hauteur : 62 *millim., dont* 3 *de marge. Largeur :* 41 *millim.*

149. *La Madeleine repentante.*

(3) Elle est agenouillée, à droite, entre deux rochers, et prie avec ferveur en levant les yeux au ciel. On lit dans la marge, au milieu : *S. Magdalena ;* à gauche : *Callot fe. Israel ex.* et à droite : *Cum priuileg. Regis.*

Hauteur : 62 *millim., dont* 5 *de marge. Largeur :* 42 *millim.*

150. *La Mort de la Madeleine.*

(4) La sainte, qui vient d'expirer, est étendue sur une natte en

(*) Les planches sont conservées à Nancy dans le cabinet de M. Thiéry.

travers de l'estampe. On lit dans la marge, au milieu : *Mors Sanctæ Magdalenæ.*; à gauche : *Callot fe. Israel ex.* et à droite : *Cum priuileg.*

Largeur : 65 *millim. Hauteur :* 42 *millim., dont* 5 *de marge.*

151. *Saint Jérôme.*

(5) Agenouillé au milieu de l'estampe, il prie et se mortifie en contemplant une croix qui s'élève à droite sur un rocher. On lit dans la marge, au milieu : *S. Hieronimus.*; à gauche : *Callot fe. Israel ex.* et à droite : *Cum Priuilegio Regis.*

Hauteur : 63 *millim., dont* 6 *de marge. Largeur :* 42 *millim.*

152. *Saint François.*

(6) Il est en extase au milieu de l'estampe, vers le fond. Son compagnon se voit sur le devant. On lit dans la marge, au milieu : *S. Franciscus.*; à gauche : *Callot fe. Israel ex.* et à droite : *Cum Priuilegio Regis.*

Hauteur : 63 *millim., dont* 6 *de marge. Largeur :* 42 *millim.*

§ IV. — Mélanges de sujets religieux autres que ceux de l'Ancien et du Nouveau Testament.

153. *Le Purgatoire et l'Enfer.*

Vaste composition gravée sur quatre planches, dont les épreuves, tirées sur pareil nombre de feuilles réunies, ont ensemble les dimensions indiquées ci-après. Au haut, on remarque, à droite, Jésus-Christ délivrant les patriarches; au milieu, Satan dévorant les damnés; et, à gauche, les âmes dans le Purgatoire, dont plusieurs sont délivrées par des anges. Tout le surplus est occupé par les âmes de ceux qui sont morts en état de péché mortel; des démons les châtient. Une foule d'inscriptions, jetées çà et là, fournissent des explications. On lit, vers le bas, à droite sur un rocher, et au-dessus du pied gauche d'un homme étendu sur le dos : *I. Callot f,* et, à l'opposite, sur un mur : *Superiorum permissu.* 1612. Tout au bas, sont deux tablettes divisées, au milieu, par les armes de Médicis, accompagnées de deux figures; la tablette de gauche contient une dédicace, en Italien, adressée à *Côme II,* de Médicis, quatrième grand-duc de Toscane, et celle de droite, un avis aux lecteurs, pareillement en langue italienne, par *Bernard Pocetti,* et daté de Florence 20 mai 1612. — Morceau gravé au burin.

Largeur : 862 *millim. Hauteur :* 725 *millim.*

On connaît deux états de ces planches :

I. C'est celui qui vient d'être décrit. — *Rare.*

II. Au-dessous de la dédicace, à gauche, on lit : *Si stampano da Gio Iacomo Rossi in Roma alla Pace.*

Cette pièce est un des premiers ouvrages que Callot ait exécutés à Florence après avoir quitté Rome. Elle a dû être commencée vers la fin de 1611. On lit dans les notes de Mariette, folio 55 : « Aux premières épreuves, le nom de Callot n'y est pas, *à ce qu'il me semble.* » Nous n'en avons jamais rencontré de telles.

Ce morceau est connu dans le commerce sous le nom vulgaire du *Puits.* — La composition rappelle la description de l'Enfer du Dante dont la lecture paraît avoir inspiré l'artiste.

154. *Prêtre portant le saint sacrement de l'Eucharistie* (*).

Petit morceau connu sous le titre de *petit Prêtre,* ou *Porte-Dieu,* dans lequel on voit un ecclésiastique portant le saint sacrement de l'Eucharistie dans une espèce d'ostensoir qu'il tient devant lui : il est vu de profil et dirigé vers la gauche. Le fond est blanc, sauf quelques légers travaux de terrasse — Morceau anonyme.

Hauteur : 39 *millim. Largeur* 23 *millim.*

On connaît trois états de cette planche :

I. Avant la marque d'un trou fait à la planche au milieu du haut. — *Très-rare.*

(*) Cette pièce a été copiée.

Gersaint dit au sujet de l'original : « Quelques-uns prétendent que Callot avait tant d'amour pour cette pièce, qu'il la portait pendue à sa boutonnière ; ce qui peut avoir donné lieu à ce préjugé est que la planche est trouée par le haut. » Nous croyons, comme Gersaint, que cette tradition, sur laquelle les auteurs contemporains sont absolument muets, ainsi que Mariette, repose sur une erreur provenant de ce qu'en effet la pièce a été trouée. Elle se conserve aujourd'hui, à Nancy, dans le cabinet de M. Thiéry, et l'on aperçoit encore distinctement la trace du trou qu'on a rebouché. Tout porte à croire que ce morceau, dont l'exécution n'offre rien de bien remarquable, a été en effet porté, dans le dix-septième siècle, comme aurait pu l'être une médaille représentant un sujet religieux ; mais rien ne prouve que Callot l'ait destinée à cet usage.

C'est par erreur que Gersaint annonce qu'il existe des épreuves avant le nom de Callot ; l'artiste n'a pas signé cette pièce, et son nom n'y a jamais été ajouté depuis sa mort.

II. Avec la marque de ce trou, avant qu'il ait été rempli.

III. Ce trou a été rempli, mais on en voit encore la place.

155. *Les Martyrs du Japon.*

Représentation des vingt-trois premiers martyrs du Japon. On voit, attachés en croix, vingt-trois religieux de l'ordre des Frères-Mineurs de Saint-François. Notre-Seigneur, planant au haut, leur envoie des couronnes et des palmes. On lit, à la gauche du bas : *Callot fec.*, et, dans la marge, en deux lignes : *Le Pourtraict des premier 23 Martire mis en Croix par la predicaōn. de la S. foy au Giappon | soubs l'Empē. Taicosam en la Cité de Mongasachi, de l'ordre des freres mineures Obseruantin de S. Francois.*

Hauteur : 167 *millim., dont* 8 *de marge. Largeur :* 112 *millim.*

On connaît deux états de cette planche qui est conservée, à Nancy, dans le cabinet de M. Thiéry.

I. Avant l'adresse de Silvestre ; c'est celui qui vient d'être décrit.

II. On lit à la gauche du bas : *I. Siluestre ex. | Cum priuil. Regis.*

156. *La Possédée ou l'Exorcisme* (*).

Cette estampe représente l'intérieur d'une chapelle peuplée de fidèles ; c'est celle de l'image miraculeuse de

(*) On lit, relativement à cette pièce, dans les notes manuscrites de Mariette, folio 66 : « La dédicace à Christophe Bronzini, caudataire du cardinal de Médicis, par Dominique Falcini, de qui on a des pièces

Notre-Dame de *Monte-Summano*. On voit dans l'estampe, à gauche, un prêtre lisant dans un livre les prières nécessaires pour chasser le malin esprit qui s'était emparé d'une jeune femme. Celle-ci est à droite, se débattant entre les bras de deux hommes qui s'efforcent de l'empêcher de succomber à ses souffrances. Un cartouche vide orne le milieu du haut. On lit vers le bas, savoir, à gauche : *And.ª Boscholi P. F. In.;* à droite : *Ia : Callot. Scal: ;* et au milieu, sur un écriteau, une dédicace adressée par *Falcini* à Christophe Bronzini, caudataire du cardinal de Médicis, suivie d'une explication ; le tout daté de Florence, le 16 de janvier 1630. — Morceau gravé au burin, cintré par le haut, où les angles sont garnis de *coins à pointe de diamant*.

Hauteur : 297 *millim. Largeur :* 220 *millim.*

On connaît quatre états de cette planche :

I. Avant la dédicace et la date de 1630 qui se lit à la fin.

II. Avec la dédicace, les armes dans le haut, et la date de 1630 à la fin de la dédicace.

III. Les armes ont été effacées, mais non la lettre A, qui se voit au milieu du haut sur le cintre pointillé qui borde la composition ; les deux jambages de cette lettre ne sont pas remplis.

IV. Cette lettre a disparu.

---

d'après Vanni, est datée de Florence en 1630 ; mais il ne s'en suit pas pour cela que ce soit l'année de la gravure. Callot n'était plus pour lors à Florence ; cette pièce est gravée dans la même manière, et l'a été apparemment dans le même temps, que les pièces de l'histoire de Ferdinand Ier de Médicis. »

157-163. *Les Péchés capitaux. Suite de sept estampes chiffrées à la droite du bas* (*).

Ils sont caractérisés par les figures allégoriques que nous ferons connaître, se détachant sur des fonds entièrement blancs, sauf quelques légers travaux de terrasse.

Hauteur :* 75 *à* 77 *millim. Largeur :* 57 *à* 59 *millim.

A l'exception du premier morceau, dont nous indiquerons les états en son lieu, on connaît deux états de ces planches qui sont conservées, à Nancy, dans le cabinet de M. Thiéry :

I. On ne voit pas le chiffre ajouté par Fagnani au bas de la droite de chaque morceau.

II. On voit ce chiffre.

157. *L'Orgueil.*

(1) Femme debout, richement vêtue, se regardant dans un miroir. Un paon, faisant la roue, est à son côté. On lit au milieu, vers le bas : *Superbia.*

Il y a quatre états de ce morceau :

I. C'est celui qui vient d'être décrit ; il est avant le nom du maître, avant le nom de l'éditeur et le *Cum priuil. Regis*, et avant le chiffre 1. — *Très-rare.*

(*) Il existe plusieurs copies et imitations de cette suite.

Nous ne comprenons pas comment on a pu dire, après Gersaint, que cette suite est ce que Callot a gravé de mieux au burin. Sans doute, elle est jolie et du bon temps du maître ; mais nous n'y apercevons que peu ou point de travaux au burin. Tel est aussi l'avis de Mariette, suivant lequel ces « symboles ont été inventés et gravés *à l'eau forte* par J. Callot. » (Notes manuscrites, folio 61.)

II. On lit à gauche, sur la terrasse : *I. Callot.*— Le nom de l'éditeur, le *Cum priuil. Regis* et le chiffre 1 ne s'y voient pas encore.

III. On lit tout au bas : *I. Siluestre ex. cum priuil. Regis.*

IV. A la suite du *Cum priuil. Regis,* on lit le chiffre 1.

158. *La Paresse.*

(2) Femme nonchalamment assise, les bras croisés, à côté d'un âne se reposant. Au milieu, vers le bas : *Pigritia.*

159. *La Gourmandise.*

(3) Femme debout en avant d'un pourceau. Elle tient d'une main une bouteille et de l'autre une coupe. Au milieu, vers le bas : *Gula.*

160. *La Luxure.*

(4) Femme debout à côté d'un bouc. Elle est presque nue et porte un oiseau sur la main droite élevée. Au milieu, vers le bas : *Luxuria.*

161. *L'Envie.*

(5) Femme presque nue, marchant à pas précipités à droite. Sa chevelure est formée de serpents; elle en tient un autre de la main droite et semble dévorer un cœur. Une chienne furieuse la précède. Au milieu, vers le bas : *Inuidia.*

162. *La Colère.*

(6) Guerrier semblant marcher vers la gauche, tenant son bouclier d'une main et de l'autre, une épée qu'il paraît brandir. Un lion marchant se voit derrière lui. Au milieu, vers le bas : *Ira.*

163. *L'Avarice.*

(7) Vieille femme dirigée à droite, comptant les pièces d'un

sac d'espèces qu'elle tient devant elle. Un coffre et deux sacs sont à ses pieds ; un crapaud semble la suivre. Au milieu, vers le bas : *Auaritia.*

164-166. *Les Sacrifices* (*).

Suite de trois estampes ovales en hauteur, non chiffrées et ne portant ni noms ni marques. — *Rares.*

Hauteur : **67** ***millim. Largeur :*** **50** ***millim.***

164.

(1) A la droite de ce morceau est l'autel d'une chapelle latérale d'une vaste basilique. Elle est préparée pour y célébrer le saint sacrifice de la messe, et plusieurs figures sont agenouillées devant.

165.

(2) Sur un rocher occupant le milieu de ce morceau, on voit un bouc à queue de dragon. Cinq hommes, espèces de sauvages, prosternés à droite, semblent adorer cette idole, pendant que plusieurs de leurs semblables vus à gauche, vers le fond, lui offrent un sacrifice.

(*) Cette suite a été copiée. Voici ce qu'on lit, sur ces compositions, dans les notes manuscrites de Mariette : « Peut-être ces trois pièces expriment-elles le culte rendu à Dieu, au démon et aux hommes, car c'était un usage chez les Romains que les soldats adorassent l'image de l'empereur. — Je croyais tout d'un coup que ces trois pièces pouvaient avoir rapport aux religions payenne, judaïque et chrétienne, et j'en trouve bien deux qui y ont rapport ; mais je ne sais ce que veut représenter l'autre sujet (celui de notre numéro 166) ; ce n'est point, comme je le croyais, Philon en présence de Caligula. »

166.

(3) Devant un empereur assis sur son trône à droite, et escorté de deux gardes, paraît un guerrier voilé, ayant derrière lui plusieurs autres guerriers, pareillement voilés, qui semblent attendre que le premier ait fini pour l'imiter. Le fond présente une rue bordée de riches monuments, avec un obélisque au milieu.

On trouve dans les notes de Mariette des détails assez étendus sur des variétés de cette composition que nous n'avons jamais rencontrées. Il résulte des explications du savant connaisseur qu'il y a deux planches distinctes et qu'il a vu une épreuve d'essai de l'une de ces planches. — Voici la note : « La première faite des deux planches de ce sujet que Callot a recommencé deux fois, se fait reconnaître en ce que celui qui est le plus près du trône de l'empereur lève des deux mains la draperie qui lui couvre la tête, et que lui, aussi bien que les autres, sont vêtus d'habits longs au lieu de cuirasses et des corselets qu'ils ont dans l'autre planche. — M. de Lorangère a, dans son œuvre, une épreuve de cette première planche avant que Callot y ait fait des changements dans la draperie de cet homme, qui est sur le devant, et qui a la tête couverte d'un voile et une canne à la main ; il était, en premier lieu, entièrement couvert d'un large manteau. Mais il y en eut très-peu de tirées dans cet état. Celle de M. de Lorangère, qui est peut-être unique, en est en quelque façon une épreuve. On y voit déjà la préparation que Callot méditait de faire à cette figure, qui est sur le devant ; elle est lavée de bistre, et l'on découvre encore quelques vestiges des traits que Callot y avait mis pour chercher une autre forme de draperie ; apparemment qu'on lui fit apercevoir que celle dont il avait vêtu sa figure n'était pas conforme au costume. Mais ces traits ont été effacés par quelque curieux pour apercevoir le travail de la gravure caché dessous. Dans les secondes épreuves, on lui voit la tunique et le genou. Les épreuves, qu'on rencontre ordinairement de cette planche, ont été faites depuis que la planche a été rayée, apparemment par Callot, comme inutile. »

167-196. *Les Tableaux de Rome* (*).

Suite de trente estampes, gravées au burin, et qui représentent, pour la plupart, les tableaux et les statues placés sur les autels des églises de Saint-Pierre de Rome et de Saint-Paul hors des murs.

Après avoir été publiée sans le nom de Callot, et sans numéros, cette suite, dont le titre a été perdu depuis, en a composé deux : l'une de seize pièces, chiffrées de 1 à 16 ; et l'autre de treize, chiffrées de 1 à 13. La suite, ainsi divisée, forme le second état décrit ci-après. — Plus tard, on a établi une seule série de numéros, de 1 à 28, et l'on a fait un titre de la pièce qui, dans notre description, porte le numéro 168. Dans cette nouvelle série, quelques numéros anciens sont restés les mêmes, ce qui fait que, même pour les derniers tirages, on ne peut signaler que deux états seulement de certaines pièces.

Dans les exemplaires du premier état, on remarque que, sur les trente morceaux qui composent cette suite, il y en a vingt-neuf en hauteur et un en largeur (c'est notre n° 183). Sur les 29 pièces

---

(*) « Cette suite est des premiers commencements de Callot, dans le temps qu'il était en apprentissage, à Rome ,chez Philippe Thomassin » (Notes de Mariette, folio 65). C'est assez dire qu'elle est fort médiocre. « J. Mariette a toutes ces planches, à l'exception de celle du frontispice, qui ne se trouve pas si facilement que les autres » (*Ibid.*). — A la fin du siècle dernier, les planches existaient encore ; on ne sait ce qu'elles sont devenues.

en hauteur, dix-huit sont cintrées par le haut, ce sont celles qui, dans notre description, portent les numéros : 175, 176, 177, 178, 179, 184, 185, 186, 187, 188, 189, 190, 191, 192, 193, 194, 195 et 196 ; onze se terminent carrément, elles portent les numéros : 167, 168, 169, 170, 171, 172, 173, 174, 180, 181 et 182.

167. *Titre* (*).

Rétable orné de colonnes avec fronton, surmonté d'une croix. Ces colonnes portent des pots à feu sur un fond étoilé. Au centre de cette décoration est un tableau représentant Notre Seigneur, tenant sa croix, et dont le sang tombe dans un calice. Ce titre représente le tabernacle de l'autel du Saint-Sacrement, à Saint-Pierre de Rome, tel qu'il existait anciennement. On lit dans un cartouche, au bas : ***Delineationes picturæ Alta- rium in Ecclesijs S. Petri, et | S. Pauli Romæ, à celeberrimis | huius seculi pictoribus pictæ*** — Morceau très-rare.

Hauteur : 110 ***millim. Largeur :*** 862 ***millim.***

168. *La Vierge à la colonne.*

(1) Espèce de tableau votif représentant la Sainte Vierge en demi-corps, tenant l'Enfant Jésus dans ses bras. Le cadre qui l'entoure est enrichi d'ornements mauresques, et la bordure de l'estampe est formée d'ornements de même sorte. On lit au-dessous

---

(*) Le Catalogue Paignon Dijonval cite une épreuve de ce morceau qui est peut-être antérieure à celle-ci. On y lit n° 5835. « J.-C. emplissant un réservoir du sang qu'il fait sortir de son côté ; une partie se répand dans un calice qui est au-dessous : sujet ovale dans un cartouche entouré de petits anges tenant les instrumentsde la passion : on lit au haut : *Torcular calcavi solus*, etc., en hauteur. » — Nous n'avons jamais vu cette pièce.

de la Vierge, au centre de l'estampe : S. MARIA | AD COLVMNA | *in Basa S. Petru* | *Romæ.*

Hauteur : 108 *millim., dont* 2 *de marge. Largeur :* 79 *millim.*

Il y a trois états de cette planche :

I. C'est celui qui vient d'être décrit.

II. On lit dans la marge, à gauche : *I. Callot fecit,* — et, à droite, le nombre 1.

III. L'inscription du centre a été effacée, ainsi que le chiffre 1, non sans laisser des traces très-visibles, et on lit à la place : LES TABLEAUX DE ROME PAR CALLOT. — En cet état, ce morceau sert de titre à la suite, qui n'est plus composée que de vingt-neuf pièces.

169. *Le Sauveur.*

(2) Notre-Seigneur, debout et vu de face au milieu de l'estampe, étend la main droite et relève, de l'autre, un pan de sa robe qui le recouvre. On lit dans la marge : SALVATOR MVNDI SALVA NOS.

Hauteur : 110 *millim., dont* 2 *de marge. Largeur :* 82 *millim.*

Il y a trois états de cette planche :

I. C'est celui qui vient d'être décrit.

II. On lit à la gauche du bas : *I. Callot fecit,* — et dans la marge, à droite, le nombre 2.

III. Le chiffre 2 a été changé en un 1 mal formé.

170. *La Sainte Vierge.*

(3) La Sainte Vierge, tenant l'Enfant Jésus dans ses bras, apparaît, au milieu du haut de l'estampe, dans une gloire animée d'anges et de chérubins. Un martyr et un religieux, debout aux côtés du bas, et un Pape vu en partie entre eux, sont dans des attitudes de prière et d'adoration.

Hauteur : 106 *millim., dont* 2 *de marge. Largeur :* 77 *millim.*

Il y a trois états de cette planche :

I. C'est celui qui vient d'être décrit.

II. On lit dans la marge, à gauche : *I. Callot fecit* — et, à droite, le nombre 3.

III. Le nombre 3 est devenu 23 au moyen de l'addition du chiffre 2.

171. *La Vierge et l'Enfant Jésus.*

(4) Au haut de l'estampe, on voit deux séraphins soutenant un tableau où est représentée la Vierge tenant l'Enfant Jésus. Ils sont sur des nuages animés de chérubins. Au bas, sont agenouillées des vierges martyres, parmi lesquelles on reconnaît Sainte Agnès à son mouton et Sainte Irénée au glaive enfoncé dans sa poitrine.

Hauteur : 108 *millim., dont* 2 *de marge. Largeur :* 80 *millim.*

Il y a trois états de cette planche :

I. C'est celui qui vient d'être décrit.

II. On lit dans la marge, à gauche : *I. Callot fecit,* — et, à droite, le nombre 4.

III. A la place du chiffre 4, on lit le nombre 22.

172. *La Vierge et Saint Jean pleurant le Rédempteur.*

(5) La Sainte Vierge et Saint Jean debout aux côtés de l'arbre de la croix, où Notre-Seigneur a rendu le dernier soupir, pleurent le Rédempteur. La Sainte Vierge occupe la gauche de l'estampe.

Hauteur : 111 *millim., dont* 2 *de marge. Largeur :* 83 *millim.*

Il y a deux états de cette planche :

I. C'est celui qui vient d'être décrit.

II. On lit dans la marge, à gauche : *I. Callot fecit,* — et, à droite, le nombre 5.

173. *Jésus-Christ mis au tombeau.*

(6) Le sépulcre est orné, extérieurement, de deux colonnes avec entablement et soubassement. C'est dans l'intérieur de cette espèce de petit temple qu'on voit Notre-Seigneur descendu au tombeau par l'Apôtre bien-aimé et par une Sainte femme.

Hauteur : 110 *millim., dont* 2 *de marge. Largeur :* 82 *millim.*

Il y a trois états de cette planche :

I. C'est celui qui vient d'être décrit.

II. On lit sur la plinthe du monument, à gauche : *I. Callot fecit*, — et dans la marge, à droite, le nombre 6.

III. Le nombre 6 est devenu 26.

174. *La Vierge de Pitié.*

(7) La Sainte Vierge, assise au pied de l'arbre de la croix, tient sur ses genoux le corps mort du Rédempteur.

Hauteur : 107 *millim., dont* 2 *de marge. Largeur :* 78 *millim.*

Il y a deux états de cette planche :

I. C'est celui qui vient d'être décrit.

II. On lit dans la marge, à gauche : *I. Callot fecit*, — et, à droite, le nombre 7.

175. *L'Immaculée Conception.*

(8) Debout sur un croissant, et environnée d'une gloire lumineuse, animée d'anges et de chérubins, la Sainte Vierge tient dans ses bras l'Enfant Jésus portant le globe.—Morceau cintré du haut.

Hauteur : 116 *millim., dont* 2 *de marge. Largeur :* 77 *millim.*

Il y a deux états de cette planche :

I. C'est celui qui vient d'être décrit.

II. On lit dans la marge, à gauche : *I. Callot fecit*, — et, à droite, le nombre 8.

176. *Le Crucifix.*

(9) Il est vu de face au milieu de l'estampe. Le fond, blanc dans le bas jusqu'au croisillon, est teinté au-dessus de tailles horizontales. — Morceau cintré du haut.

Hauteur : 114 *millim., dont* 2 *de marge. Largeur ;* 77 *millim.*

Il y a trois états de cette planche :

I. C'est celui qui vient d'être décrit.

II. On lit dans la marge, à gauche : *I. Callot fecit,* — et à droite, dans la marge, le nombre 9.

III. A la place du chiffre 9, on lit le nombre 23.

177. *Saint Pierre et Saint Paul* (*).

(10) Ils sont debout côte à côte et vus de face. Saint Pierre occupe la gauche de l'estampe. — Morceau cintré du haut.

Hauteur :* 116 *millim. Largeur :* 76 *millim.

Il y a deux états de cette planche :

I. C'est celui qui vient d'être décrit.

II. On lit au bas, savoir, au milieu : *I. Callot fecit,* — et, à droite, le nombre 10.

178. *Sainte Hélène.*

(11) Elle est debout, au milieu de l'estampe, à côté de l'arbre de la croix, et environnée d'anges. On lit dans la marge, vers le milieu : S. HELENA — Morceau cintré du haut.

Hauteur :* 119 *millim., dont* 3 *de marge. Largeur :* 80 *millim.

Il y a deux états de cette planche :

I. C'est celui qui vient d'être décrit.

II. On lit dans la marge, à gauche : *I. Callot fecit,* et, à droite, le nombre 11.

(*) On lit dans les notes de Mariette au sujet de cette pièce : « Je doute de la gravure des statues de Saint Pierre et de Saint Paul, exécutées par François Mocchi, lesquelles devaient être placées dans l'église de Saint Paul, et sont présentement à la porte du Peuple à Rome. Je ne crois pas même qu'elles fussent exécutées, lorsque Callot était à Rome, et même de son vivant ; c'est ce qu'il faudra examiner plus particulièrement. »

179. *Le Martyre de Saint Erasme.*

(12) Le Saint est étendu en travers de l'estampe, et deux bourreaux serrent fortement son corps au moyen d'une corde qui s'enroule sur une manivelle. On lit au milieu du bas : S. ERASMVS — Morceau cintré du haut.

Hauteur : 118 millim. Largeur : 76 millim.

Il y a trois états de cette planche :

I. C'est celui qui vient d'être décrit.

II. On lit à la gauche du bas : *I. Callot fecit,* — et, à droite, le nombre 12.

III. Le nombre 12 a été changé en 28.

180. *Saint Paul.*

(13) Il est debout et vu de face, dans une niche, au milieu de l'estampe, la main droite appuyée sur son épée. On lit dans la marge : S. PAVLVS. *Doctor Gentium.*

Hauteur : 111 millim., dont 4 de marge. Largeur : 83 millim.

Il y a trois états de cette planche :

I. C'est celui qui vient d'être décrit.

II. On lit dans la marge, à gauche : *I. Callot fecit,* — et, à droite, le nombre 13.

III. A la place du nombre 13, on lit le chiffre 2.

181. *L'Apparition de Notre-Seigneur.*

(14) Jésus-Christ dans sa gloire, au haut de l'estampe, apparaît à la Sainte Vierge, à la Madeleine, à deux Saintes femmes, et à ses apôtres dont plusieurs sont agenouillés au bas.

Hauteur : 108 millim., dont 2 de marge. Largeur : 79 millim.

Il y a deux états de cette planche :

I. C'est celui qui vient d'être décrit.

II. On lit dans la marge, à gauche : *I. Callot fecit,* — et, à droite, le nombre 14.

182. *Le Paradis.*

(15) Au haut de ce morceau, on voit, à droite, l'Eternel, et, à l'opposite, la Religion catholique, apostolique et romaine. Tout le surplus de l'estampe est garni des Elus du Seigneur qui contemplent l'éternelle félicité. On remarque particulièrement, à la droite du bas, le saint roi David.

Hauteur : 108 *millim., dont* 2 *de marge. Largeur :* 78 *millim.*

Il y a deux états de cette planche :

I. C'est celui qui vient d'être décrit.

II. On lit dans la marge, à gauche : *I. Callot fecit,* — et, à droite, le nombre 15.

183. *La Vierge et deux Saints.*

(16) La sainte Vierge, tenant l'enfant Jésus debout sur elle, est assise, de face, sur un trône, au milieu de l'estampe. A ses côtés sont debout : à gauche, saint Jacques-le-Majeur, et, à droite, saint Jérôme. — Morceau en travers.

Largeur : 108 *millim. Hauteur :* 63 *millim.*, dont 3 de marge.

Il y a trois états de cette planche :

I. C'est celui qui vient d'être décrit.

II. On lit dans la marge, à gauche : *I. Callot fecit,* — et, à droite, le nombre 16.

III. A la place du nombre 16, on lit le nombre 24.

184. *Le Martyre de Saint Etienne.*

(1) Le Saint est agenouillé à la droite du bas, entouré de ses bourreaux. La Sainte Trinité brille au haut, dans sa gloire ; deux anges en descendent pour apporter au Saint la palme et la couronne du martyre. — Morceau cintré du haut.

Hauteur : 113 *millim., dont* 3 *de marge. Largeur :* 77 *millim.*

Il y a trois états de cette planche.

I. C'est celui qui vient d'être décrit.

II. On lit dans la marge, à gauche, le nombre 1, et, au milieu, *I. Callot fecit*

III. Le nombre 1 est devenu 19.

185. *La Conversion de Saint Paul.*

(2) Le Saint est tombé de cheval, au milieu de l'estampe, vers le bas. La partie supérieure de l'estampe représente le Seigneur dans sa gloire. — Morceau cintré du haut.

Hauteur : 114 *millim., dont* 2 *de marge. Largeur :* 77 *millim.*

Il y a trois états de cette planche :

I. C'est celui qui vient d'être décrit.

II. On lit dans la marge, à gauche, le nombre 2, et, au milieu, *I. Callot fecit.*

III. Le nombre 2 est devenu 20.

186. *Saphire punie de mort.*

(3) Elle est tombée à la renverse, à la droite du bas.—Morceau cintré du haut.

Hauteur : 110 *millim. Largeur :* 76 *millim.*

Il y a trois états de cette planche :

I. C'est celui qui vient d'être décrit.

II. On lit à la gauche du bas : 3. et vers le milieu :*I. Callot fe.*

III. Au lieu du chiffre 3, on lit, à la gauche du bas, le nombre 21.

187. *Saint Paul prêchant.*

(4) Entouré d'une foule de peuple, il est debout, vu de face, vers le milieu de l'estampe, le bras droit élevé. — Morceau cintré du haut.

Hauteur : 120 *millim. Largeur :* 75 *millim.*

Il y a deux états de cette planche :

I. C'est celui qui vient d'être décrit.

II. On lit au bas, à gauche, le nombre 4, et, vers la droite, *I. Callot fecit*

188. *La Résurrection de Tabithe.*

(5) Debout, au milieu de l'estampe, sur une élévation de trois marches, Saint Pierre rend la vie à Tabithe ; elle est assise à droite et l'apôtre touche sa main. — Morceau cintré du haut.

Hauteur : 120 *millim. Largeur :* 75 *millim.*

Il y a trois états de cette planche :

I. C'est celui qui vient d'être décrit.

II. On lit au bas, à gauche, le nombre 5, suivi de *I. Callot fe.*

III. Au lieu du nombre 5, on lit le nombre 3.

189. *Le Boiteux guéri à la porte du Temple.*

(6) Le boiteux est assis à la gauche du bas. Saint Pierre occupe le milieu de l'estampe, et saint Jean est à sa gauche. On lit dans la marge, à gauche : *Ludouicus Ciuolius inuent.* — Morceau cintré du haut.

Hauteur : 118 *millim., dont* 3 *de marge. Largeur :* 76 *millim.*

Il y a deux états de cette planche :

I. C'est celui qui vient d'être décrit.

II. On lit dans la marge, au milieu : *I. Callot fecit*, et, à droite, le nombre 6.

190. *Le Martyre de Saint Pierre.*

(7) Sur une espèce de perron, vers le haut, à la gauche de ce morceau, on voit Saint Pierre élevé en croix. Un soldat, vu par le dos, se remarque à la droite du bas. On lit dans la marge, à gauche : *In Bas*[ca] *S. Petri*, — et, à droite, *D.*[ci] *Passignani* — Morceau cintré du haut.

Hauteur : 113 *millim., dont* 5 *de marge. Largeur :* 71 *millim.*

Il y a trois états de cette planche :

I. C'est celui qui vient d'être décrit.

II. Le nombre 7 se voit, dans la marge, en avant des mots : *In Bas.*[ca], etc.

III. Le nombre 7 a été changé en 17, et on lit, à la gauche du bas, au-dessus du mot *Petri* : *I. Callot fecit*

191. *Saint Pierre sur les eaux.*

(8) Notre-Seigneur est debout, sur le rivage, à la gauche du devant. Il soutient Saint Pierre qui marche sur la mer. Morceau cintré du haut.

Hauteur : 117 *millim. Largeur :* 75 *millim.*

Il y a trois états de cette planche :

I. C'est celui qui vient d'être décrit.

II. On lit au bas, à gauche, le nombre 8, et, à droite, *I. Callot fecit.*

III. Le nombre 8 est devenu 18.

192. *Jésus-Christ et Saint Pierre marchant sur les eaux.*

(9) Composition à peu près semblable à la précédente. Notre-Seigneur occupe la gauche du bas, mais il est sur la mer, ainsi que Saint Pierre, qu'il soutient sur les flots.—Morceau cintré du haut.

Hauteur : 112 *millim., dont* 2 *de marge. Largeur ;* 73 *millim.*

Il y a trois états de cette planche :

I. C'est celui qui vient d'être décrit.

II. On lit dans la marge, à gauche, le nombre 9, et, au milieu, *I. Callot fecit*

III. Le nombre 9 a été conservé, et on lit en outre, à droite, le nombre 27.

193. *L'Assomption.*

(10) La Sainte Vierge se voit, au haut, dans une gloire lumineuse animée d'anges et de chérubins. Au bas sont les apôtres, la

plupart sur une élévation de quelques marches. — Morceau cintré du haut.

Hauteur : 115 millim., dont 3 de marge. Largeur : 76 millim.

Il y a trois états de cette planche :

I. C'est celui qui vient d'être décrit.

II. On lit dans la marge, à gauche, le nombre 10, et, au milieu, *I. Callot fecit.*

III. Le nombre 10 est devenu 16.

194. *Saint Jérôme environné de ses Disciples.*

(11) Saint Jérôme est assis, à gauche, à l'entrée d'une caverne. Ses disciples occupent le côté opposé. — Morceau cintré du haut.

Hauteur : 116 millim. Largeur : 77 millim.

Il y a trois états de cette planche :

I. C'est celui qui vient d'être décrit.

II. On lit au bas, à gauche, le nombre 11, et, au milieu, *I. C. fe.*

III. A la place du chiffre 11 on voit le chiffre 9.

195. *La Célébration des saints Mystères.*

(12) L'officiant, assisté de diacres, est à l'autel érigé à la gauche de l'estampe. — Morceau cintré du haut.

Hauteur : 114 millim., dont 4 de marge. Largeur : 72 millim.

Il y a deux états de cette planche :

I. C'est celui qui vient d'être décrit.

II. On lit dans la marge, à gauche, le nombre 12, et, au milieu, *I. Callot fecit.*

196. *Les Apprêts de la dernière Communion de Saint Jérôme.*

(13) Saint Jérôme, debout à gauche, soutenu par deux acolytes, s'avance les mains jointes vers l'officiant qui est debout, à droite,

au-devant de l'autel. Au haut, le ciel s'ouvre et laisse voir la Sainte-Trinité et les légions célestes. — Morceau cintré du haut.

Hauteur : 120 millim., dont 8 de marge. Largeur : 77 millim.

Il y a deux états de cette planche :

I. C'est celui qui vient d'être décrit.

II. On lit dans la marge, à gauche, le nombre 13, et, au milieu, *I. Callot fecit.*

§ V. — Morceaux de cette section qui ont été faits pour orner des livres.

TITRES OU FRONTISPICES.

197. *Titre des miracles et grâces de Notre-Dame de Bonsecours-les-Nancy.*

Vue de l'intérieur d'une chapelle où se voit, au milieu du fond, un autel dont le retable est garni d'un tableau représentant la sainte Vierge couvrant de son manteau, à gauche, des prélats, et, à droite, des princes. Deux soleils brillent, de chaque côté, au haut de ce tableau. Sur celui de gauche est écrit en caractères microscopiques : CHA | RITAS. On lit sur l'autre : HVMI | LITAS. Sur le devant de l'autel on lit : *MIRACLES ET | graces de N. Dame | de bon Secours | lez Nancy*. Sous le jubé de cette chapelle sont en prières, à gauche, saint Charles Borromée, et, à l'opposite, saint François de Paule. On lit au bas, vers la gauche, au pied des marches de l'autel, à la hauteur des genoux de saint Charles : *Iac. Callot fe.,* et au milieu : *Imprimés du comandemt de Monseig.* |

L'Illustrissime Cardinal de Lorraine, puis, dans la marge : *A Nancy Par S. Philippe Imprimeur de Son Altesse. Auec priuilege* | 1630 (*).

Haut. : 124 mill., dont 5 de marge. Largeur : 79 millim.

198. *Titre de la sainte Apocatastase.* Paris, 1623, in-8.

Décoration d'architecture formée, de chaque côté, de deux pilastres accouplés et cannelés, surmontés d'un fronton tronqué au milieu, où se voit un cartouche renfermant l'adoration de l'Agneau sans tache. Ce fronton offre de chaque côté, en acrothère, un ange tenant une trompette et montrant : celui de gauche, une croix de Jérusalem lumineuse, avec ces mots : *Signum Dante Deo;* et l'autre, une flèche perçant trois alérions, avec ceux-ci : *Pugnabimus auspice Cœlo.* Plus bas, on voit deux statues debout, sur les socles des pilastres : à droite, celle de Godefroy de Bouillon, et, à gauche, celle de saint Louis. Dans un cartouche, au centre de la décoration, est écrit : *La Saincte* | APOCATASTASE | *Sermons Aduentu-* | *els sur le Psalme* XXIIX. | *Preschez à*

(*) M. Regnauld-Delalande (Catalogue Silvestre, p. 195) paraît indiquer l'existence d'un premier état, avant le nom de Callot ; nous ne l'avons jamais rencontré.

L'auteur du livre dont nous venons de décrire le frontispice, est le R. P. Nicolas Jullet, Provincial des Minimes de la Province de Lorraine. Cet ouvrage a été réimprimé à Nancy, en 1734, de format in-8°, et sans la jolie gravure de Callot.

Nancy en Lor- | raine deuant son Altesse. 1619. | *Par Fr. André de L'auge Pon- | toisien Mineur Obseruantin en | la prouince de France Paris^{ne} | Professeur en la Sacrée Theologie | Morale au Couuent dudict Nancy.* Dans un cartouche, au milieu du bas, surmonté des armoiries de Lorraine, on lit : A PARIS | *Chez Robert Foüet ruë Saīct- | Iacques au Temps et a Loccasion* — Les mots : *Auec Priuilege | du Roy* se voient aux côtés du bas, sur les plinthes des socles de support. — Morceau anonyme.

Hauteur : 147 *millim. Largeur* : 98 *millim.*

On connaît deux états de cette planche :

I. Avant toutes les inscriptions rapportées, les fleurs de lis sur le manteau de saint Louis et les croix de Jérusalem sur celui de Godefroy de Bouillon. — *Très-rare.*

II. C'est celui qui vient d'être décrit et dont les épreuves se trouvent dans le livre d'André de L'Auge.

199. *Titre du Réglement des pénitents blancs de Nancy* (*).

Autel dont le retable est orné d'un tableau représentant la Vierge de pitié ayant le corps mort du Rédempteur sur ses genoux. Le devant de l'autel est orné d'une croix de Malte avec la devise : *In hoc signo vinces.* Deux pénitents voilés, de la confrérie du Gonfalon, font

(*) Nous avons vu des épreuves modernes de cette planche dont nous n'avons pu découvrir le possesseur.

leurs dévotions à genoux au pied de cet autel. — Morceau anonyme.

Hauteur : 94 millim. Largeur : 77 millim.

La pièce ci-dessus décrite sert de frontispice au livre intitulé : « Réglement et establissement de la compagnie des pénitents blancs de la ville de Nancy. Nancy, Antoine Charlot, 1635, in-12.» Nous n'avons rencontré ce rare volume que dans la bibliothèque de M. Noël, notaire honoraire à Nancy, qui possède, en outre, une seconde édition du même ouvrage, avec une imitation sur bois de la pièce de Callot. Cette seconde édition, imprimée à Nancy, chez T. Charlot et la veuve Deschamps, imprimeurs de S. A. R., est sans date, mais évidemment du commencement du dix-huitième siècle. (Voyez n° 5741 du Catalogue de M. Noël).

Nous connaissons encore une troisième édition, toujours avec la même imitation sur bois, et sous le titre suivant : « Statuts et règlements... pour être observés par la congrégation des pénitents blancs du Confalon... Nancy, Lamort, 1775, in-12.»

Les trois titres ci-dessus décrits, décorent les volumes auxquels ils servent de frontispices. Quant aux pièces que nous allons indiquer, et qui nous paraissent avoir été destinées à orner des livres, nous n'avons jamais rencontré les ouvrages pour lesquels elles ont été gravées.

200. *Titre des Règles de la congrégation de Notre-Dame* (*).

Autel dont le retable est garni, pour tableau, du sujet de la conception de la Vierge. Sur la face de cet autel, surmonté des armoiries de Lorraine, on lit : *Regles de la Congregatio | Nostre Dame | Erigée au College des | R. R. P. P. Jesuites de | Nancy | Soubz le tiltre de son Imaculée | Conception.* — Morceau anonyme.

Hauteur : 89 millim. Largeur : 47 millim.

201. *Titre du Manuel de dévotion au Saint-Sacrement de l'Autel.*

Deux anges, agenouillés sur un socle, soutiennent un ostensoir qui brille sous un dais. On lit sur la face de ce socle : MANVEL DE DEVOTION AV S | SACREMENT DE L'AV-TEL AVEC | DIVERSES ET BELLES PRIERES | POVR LES IOVRS DE COM̃VNION | *Mis en lumier en faueur des Con: | freres par F. E Didelot de l'ordre | des FF. Mineurs |* A NANCY, et, sur le soubassement : *Par Jacob Garniche Imprimeur Iure de. S. A.* Morceau sans le nom de notre maître. — *Très-rare.*

Hauteur : 91 millim. Largeur : 54 millim.

202. *Titre de livre au saint François d'Assise.*

Saint François, debout entre deux colonnes drapées,

(*) Cette pièce a été copiée ; nous avons vu des épreuves modernes de l'original et de la copie.

léve les yeux au ciel en portant devant lui l'écusson couronné des armes de Florence. Le fond offre le profil de cette ville. On lit, au haut, dans un cartouche que surmonte un chérubin : FRANCISCVS FILIVS REGIS ALTISSIMI, etc. Dans un autre cartouche, au bas, est écrit : QVINQVE PRO SEX TVTA PROTECTIO ; au-dessous : *Superiorum permissu* 1621 ; et, aux côtés : *Florentiæ apud* | *Petrum Cecconcellum* — Morceau sans le nom du maitre.

Hauteur : 182 *millim., dont* 3 *de marge blanche. Largeur :* 118 *millim.*

On connait deux états de cette planche.

I. C'est celui qui vient d'être décrit. — *Très-rare.*

II. L'inscription du cartouche du haut a été enlevée et remplacée par celle-ci : SVBTILISSIMAE | CONTRADICTIONES IN PROL.m P.m & S.m SENT. SCOTI | AVCTORE R. P. F. IACOBO PERIO PISTORIENSI THEOL. PRED.re | *Gnāli Ord.i Min. Regul.s Obs.æ ac Ser.mi M. D. Etr.æ Confess.o* | *Opus perutile oībj doctrinam Scoti profitentibus* | *aliorq; doctorū per modum Dialogi* | *digestum, ac triplici indice orn.m* . — Très-rare aussi.

203. *Le titre aux astrologues* (*).

Cette pièce allégorique parait avoir été gravée pour un frontispice de livre religieux qui n'a pas été publié.

(*) On connait des copies de cette pièce. — Je dois à mon collègue M. Schutz, qui prépare un grand travail sur les sciences cabalistiques, la meilleure partie des documents dont je me suis servi pour la description de cette pièce.

Elle présente un sens très-profond et donne une haute idée de l'esprit élevé de son auteur.

Dans un site qui rappelle l'Eden et le premier jour du monde, cinq philosophes, réunis autour d'une sphère armillaire posée à côté d'une boussole, sur un cube, cherchent, par différents moyens, à pénétrer les arcanes de Dieu.

A droite, et le plus près de la sphère, un sage (Zoroastre, Anaxagore ou tout autre représentant de l'Ecole magique), tient de la main droite un sablier couronné d'une triple flamme, et cherche à expliquer le mystère de la création par le feu éternel.

De l'autre côté, Hermès tient de la main gauche les livres sacrés sur lesquels repose une couronne d'où s'échappe un basilic ; de la main droite il désigne sur la sphère la moyenne région du ciel, séjour des démons éthérés, le réceptacle des influences mystérieuses des astres. Il représente les sciences physiques, l'alchimie et l'astrologie.

A côté du premier philosophe, à droite de la sphère, on voit Archimède tenant de la main droite un compas, signe de l'école mathématique ; de la gauche, il montre une boussole et un rouleau de papier en tête duquel se trouve le carré de l'hypoténuse, au-dessus de l'inscription *Diis Hecatombe* (en souvenir de l'*eurika*) ; il veut expliquer la création par les lois de la géométrie.

Vis-à-vis lui se trouve Pythagore, représentant l'école greco-italique, qui prétend tout expliquer par les nombres ; il appuie sa main droite sur une pierre où l'on voit le microcosme dans le macrocosme (le triangle équilatéral de la Trinité dans le cercle de l'éternité) (*), avec les chiffres symboliques 1 et 3 et cette devise ΠΑΝΤΗ ΤΡΙΣ (Tout est triade, comme dirait un philosophe de nos jours); il passe la main gauche sous la sphère, comme pour signifier que sa formule a le pouvoir de soulever le monde.

Enfin un homme vêtu à l'orientale, représente l'école cabalistique ; il est courbé à droite entre l'oiseau de la mort qui crie et bat des ailes sur un arbre desséché, et une pierre tumulaire sur laquelle l'audacieux nécromant, traçant avec un os humain des signes cabalistiques, semble demander à la mort et aux enfers le secret de la vie. Ces signes sont les trois cercles entrelacés qui représentent la Trinité (**). Il écrit dans chacun d'eux les trois termes de la formule puissante AB CA BRA OU AB BA KA, qui rappellent à la fois l'égalité du père et du fils et le mystère de la création.

Sur la pierre qui supporte la sphère autour de laquelle sont groupés les philosophes, on lit : MVNDVM TRADIDIT DISPVTATIONI EORVM ECCL. III.

Si l'on se reporte aux passages de l'Ecclésiastique auxquels cette inscription renvoie, on y trouve quatre

(*) M. Didron, Iconographie chrétienne, p. 550.
(**) M. Didron, Iconographie chrétienne, p. 545.

versets qui justifient admirablement le sens allégorique de cette pièce, dont le but est de montrer la vanité des sciences humaines.

Voici ces versets :

22. *Altiora te ne quæsieris, et fortiora te ne scrutatus fueris : sed quæ præcepit tibi Deus, illa cogita semper et in pluribus operibus ejus ne fueris curiosus.*

23. *Non est enim tibi necessarium ea, quæ abscondita sunt, videre oculis tuis.*

24. *In supervacuis rebus noli scrutari multipliciter, et in pluribus operibus ejus non eris curiosus.*

25. *Plurima enim super sensum hominum ostensa sunt tibi.*

Cette profondeur de pensée qu'on ne s'attendait guère à trouver chez l'auteur des *Balli* et des Bossus, est rendue d'une manière admirable. Chaque philosophe cherche avec ardeur la solution impossible de son problème ; un sourire d'espérance diabolique contracte la face du nécromant, tandis que la figure d'Archimède est seule imposante et calme, parce qu'il sait bien que, si ses conséquences peuvent être fausses, elles sont du moins appuyées sur une base solide.

Mariette dit avec raison que cette pièce est une des plus jolies et des plus rares de l'œuvre de Callot dont le nom se lit ainsi dans l'angle gauche du bas : *Jac. Callot.*

Hauteur : 140 millim. Largeur : 93 millim.

On connaît deux états de cette planche :

I. Avant le nom de Callot (*). — *Très-rare.*

II. C'est celui qui vient d'être décrit. — *Rare.*

ESTAMPES EN SUITES.

204-206. *Estampes décorant* les Saintes Antiquités de la Vosge, *par* Jean Ruyr. Saint-Dié, Jacques Marlier, 1626, in-4°.

204. *Titre.*

(1) Décoration d'architecture en forme de retable. La sainte Vierge tenant l'enfant Jésus se voit au haut sur un croissant. Aux côtés s'élèvent les figures, à gauche, de saint Dié, et, à droite, de saint Hydulphe. Au bas sont, au milieu, deux écussons accolés des armes de Lignéville et de la collégiale de Saint-Dié, et, aux côtés, deux petits bouts de paysage offrant chacun un ermitage. Une draperie est tendue entre les deux saints ; mais la planche ayant été évidée au centre de cette draperie, pour qu'elle embrassât, lors du tirage, les textes que nous allons rapporter, qui sont en caractères mobiles comme tout l'ouvrage, nous ne dirons pas qu'on lit sur cette même draperie, mais qu'elle laisse voir ces mots : PREMIERE PARTIE DE LA RECHERCHE DES SAINCTES ANTIQVITEZ DE LA Vosge Prouince de Lorraine *Par* IEAN RVYR *Charmesiē Chātre & Chanoine de l'insigne Eglise Collegiale de S. Dié.* 1626. *Auec Priuilege.* On lit dans un cartouche au-dessous : A S. DIÉ PAR IACQVES MARLIER *Imprimeur de S: Altesse.* — Morceau anonyme (**).

Hauteur : 183 *millim. Largeur :* 140 *millim.*

(*) Un catalogue manuscrit rédigé par Pieri-Bénard, annonce un état « avant plusieurs retouches et avant la lettre. » Nous ne l'avons jamais rencontré.

(**) Cette estampe est employée trois fois dans le volume en

205. *Fleuron.*

(2) Il est en tête de la dédicace du livre, et est formé, au milieu du bas, d'un chérubin dont les ailes, en cartouches et en rinceaux

---

question. La première fois, elle sert de titre à sa première partie et n'a pas de texte au revers. L'épreuve qui figure à cet endroit, contient, entre des trygliphes, au-dessous des représentations de saint Dié et de saint Hydulphe, les initiales S D et S H, qui se rapportent à leurs noms, et qui ne se trouvent plus sur les deux épreuves dont il nous reste à parler. Ces initiales paraissent avoir été apposées à l'aide d'une estampille.

La seconde fois, la draperie laisse voir ces mots : PARTIE SECONDE DE LA RECHERCHE DES SAINCTES ANTIQVITEZ DE LA Vosge, prouince de Lorraine ***Par*** IEAN RVYR, ***Chantre & Chanoine de l'insigne Eglise collegiate de S. Dié.*** Son revers offre une page d'impression terminée par un sonnet dont voici le premier vers : ***Amphion autre-fois aux fredons de sa Lyre.***

La troisième fois, la draperie laisse voir ces mots : TROISIÈME PARTIE DE LA RECHERCHE DES SAINCTES ANTIQVITEZ DE LA Vosge Prouince, de Lorraine. ***Par*** IEAN RVYR ***Chãtre & Chanoine de l'insigne Eglise Collegiate de Sainct Dié.*** Le verso présente une page d'impression terminée par un sonnet dont voici le dernier vers : ***Benira ton labeur & ton pieux office.***

Nous donnons ci-après une note très-curieuse de Mariette, sur les trois pièces qui figurent dans le livre des Antiquités de la Vosge. Cette note explique pourquoi ces pièces, dans l'état où nous les voyons, paraissent si peu dignes de Callot. Sans être commun, ce volume n'est pas aussi rare en Lorraine que l'indique Mariette ; mais, on ne le rencontre jamais avec les titres et les vignettes bien tirées. Voici cette note :

« Dans le livre intitulé Recherches des saintes Antiquités de la Vosge, province de Lorraine, par Jean Ruyr chantre et chanoine

d'ornement, engendrent de chaque côté un écusson; celui de gauche renferme les armes de Ligneville et celui de droite les

---

de l'église collégiale de Saint-Dié, 1626, à St-Dié, par Jacques Marlier imprimeur de son Altesse, in-4°; il se trouve trois pièces singulières de Callot, Savoir :

» Le frontispice, qui est répété à la première et à la seconde partie du livre; il représente une composition d'architecture au milieu de laquelle est attaché une espèce de tapis sur lequel est imprimé le texte du livre. Précisément au-dessus de ce tapis, la sainte Vierge tenant l'Enfant Jésus, est représentée environnée de nuées. La composition d'architecture se termine par le bas en cul de lampe, sur lequel sont placés, aux deux côtés du tapis susdit, deux saints évêques debout : saint Dié et saint Hidulphe archevêque de Trèves, tous deux patrons de la Vosge, le dernier délivre un enfant possédé du démon. Cette pièce est gravée avec beaucoup de fermeté et du meilleur de Callot, elle a 6 p. 10 l. de haut, sur 5 p. 3 l. de large.

» La seconde pièce est une vignette (ou fleuron) qui est à la tête de l'épître dédicatoire. Callot y a représenté une tête de chérubin dont les ailes, qui se terminent en rinceaux d'ornements, embrassent, à droite et à gauche, deux cartouches qui renferment des armoiries (qui se trouvent aussi au bas du frontispice), ce sont celles de P. de Ligneville-Tantonville, grand prevost de l'église collégiale de Saint-Dié, et celles du chapitre de cette même église. Elle a 2 p. de haut, sur 4 de large.

» La troisième pièce se trouve à la fin du livre, à la tête de l'histoire de la chapelle de la bienheureuse sainte Vierge aux trois épics, près de la ville de Mariville, dans la Haute-Alsace. La sainte Vierge tenant des épics, y est représentée apparaissant à un paysan (maréchal), qui conduit un cheval et lui ordonnant de bâtir en ce lieu une chapelle en son honneur. Dans le fond, est un chêne, sur le tronc duquel est pratiquée une espèce de petite cha-

armes de la collégiale de Saint-Dié. Le verso offre une portion de texte. — Morceau anonyme.

Hauteur : 41 millim. Largeur : 108 millim.

206. *Notre-Dame des trois épis.*

(3) A la droite de ce morceau, un rustre debout au-delà de son cheval, est saisi d'étonnement à l'apparition de la vierge Marie, tenant de la main gauche trois épis de blé et soutenant de l'autre

---

pelle de bois, où est une vierge de pitié, tenant J.-C. étendu sur ses genoux. Cette pièce a 3 p. 6 l. de haut, sur 2 p. 3 l. de large, avec cette inscription au bas : *Notre Dame des trois épics au dessus de Mariville en la haute Alsace.*

» A toutes ces pièces Callot a négligé de mettre son nom ; elles sont pourtant bien exécutées. Ce qui les rend si rares, c'est que l'édition entière du livre dans lequel elles ont servi, fut supprimée par l'auteur, à cause du grand nombre de fautes dont elle était remplie. Il en donna dans la suite une seconde édition, corrigée et augmentée, imprimée à Epinal par Ambroise Ambroise, en 1633, in-4°, mais il ne mit aucune planche (de Callot).

» Parmi plusieurs pièces de vers à la louange de l'auteur, qui sont au commencement, dans cette seconde édition, on en trouve une avec ce titre : « *Cronographicum bis indicans annum* 1625 *quo primx operis impressio facta, ei ob typorum vitia quibus scatebat ab autore ipso supressa est*». La négligence avec laquelle les planches de Callot y avaient été imprimées, répond à l'imperfection de l'édition. Mon grand-père en avait une première épreuve du titre qui, comparée avec celles qui viennent du livre, paraît toute une autre planche ; elle appartient présentement à M. de Lorangère.» — Cette épreuve, qui a appartenu à M. Rossi, est indiquée, dans un catalogue manuscrit rédigé par Pieri-Bénard, comme étant avant la lettre.

un pan de son manteau. La scène se passe en avant d'un chêne, au tronc duquel est adossée une image de la Vierge, tenant l'homme de douleurs. On lit dans la marge : *Nostre Dame des trois espics au dessus | de Mariuille en la haulte Alasace.* Au revers se lit un texte imprimé. — Morceau anonyme qui se voit à la page 380 du volume.

Hauteur : 93 *millim., dont* 7 *de marge. Largeur :* 61 *millim.*

207-233. Estampes décorant le livre intitulé : *VIE DE LA MERE DE DIEV REPRESENTÉE PAR EMBLESMES,* in-4°, sans nom d'imprimeur ni année, composé de quatre feuillets préliminaires, sur le premier desquels se trouvent le titre ainsi que l'estampe qui s'y rapporte, et de vingt-six autres feuillets, sur le recto desquels a été tirée l'estampe qui s'y rapporte.

Suite de vingt-sept estampes, y compris le titre.

Largeur : 80 *à* 82 *millim. Hauteur :* 58 *à* 62 *millim.*

On connaît deux états de ces planches, qui sont conservées, à Nancy, dans le cabinet de M. Thiéry.

I. Elles ne sont pas pas chiffrées et le premier titre ne porte ni adresse, ni *Cum priuil. Regis.* C'est celui que nous allons décrire en nous servant des vers français qui se rapportent à chaque emblème, d'après le livre cité.

II. On lit sur le titre, immédiatement au-dessus du nom du maître : *F. L. D. Il Ciartres excudit.* Et vers le bas, à gauche : *Cum priuil. Regis-* Le titre n'est pas chiffré, mais les autres morceaux le sont de I à XXVI, à la droite du haut. On lit au bas de la planche chiffrée I : *Jac. Callot fe.* Les épreuves de cet état proviennent de tirages faits après la première édition du livre.

La seconde édition de cet ouvrage a paru avec le titre suivant imprimé en caractères mobiles : VITA BEATÆ MARIAE VIRGINIS MATRIS DEI EMBLEMATIBVS *delineata.* — VIE DE LA BIEN-HEVREUSE VIERGE MARIE MERE DE DIEV. *Representée par Figures Emblematiques, dessignées & grauées par Iacques Callot.* — A PARIS Chez François Langlois, dict Chartres, ruë S. Iacques aux Colomnes d'Hercule contre le Lyon d'Argent, 1646. Cette seconde édition présente quelques différences dans les vers français que nous rapportons ci-après.

207. *Titre.*

Au centre de sept petits cartouches emblématiques qui bordent ce morceau, et dont celui du milieu vers le haut présente la sainte Vierge en prières, on voit un ovale en largeur, bordé des grains d'un rosaire, sur lequel on lit : VITA | BEATÆ MARIÆ VIR= | MATRIS DEI EMBLE= | MATIB'. DELINEATA | *Callot fec.*

« *Profanes retirés vos mains de cet ouvrage,*
» *N'approchés pas d'icy lascifs, ny curieux.*
» *Il faut estre très-pur, & du cœur & des yeux :*
» *Pour veoir la pureté dedans sa propre image.* »

208.

(I) Salamandre dans le feu.

« *Ie vis sans me brûler au milieu de la flame :*
» *Et la Vierge au milieu, du crime originel,*
» *Par labsolu pouuoir de l'Arbitre éternel,*
» *Dans le brasier commū, n'a point brûlé son Ame.* »

209.

(II) Vaisseau battu de la tempête.

« *Ce qu'est aux nautoniers, dans vn cruel orage,*
» *L'astre qui faict floter le nid de l'Alcion :*
» *La Vierge au premier point de sa conception,*
» *L'est aux hōmes perdus, pour leur dōner courage* »

210.

(III) Le lever de l'aurore sur un riche paysage.

« *L'aurore nous promet le Dieu de la lumiere,*
» *Quand sa clarté blanchit les costes du leuant,*
» *Et cet Astre benin, nous dit en arriuant*
» *Que Iesus qui la suit, est près de sa cariere.* »

211.

(IIII) Aigle volant vers le soleil en tenant un aiglon dans ses serres.

« *Son zele, & ses parẽs portẽt la Vierge au Tẽple,*
» *Pour iouïr des splendeurs de son diuin soleil,*
» *Ainsy le braue Aiglon accoustume son œil,*
» *A souffrir les brillans de l'Astre qu'il contemple.* »

212.

(V) Espèce d'oiseau de paradis volant au ciel.

« *C'est oiseau vit dans l'air ; la Celeste Rosée*
» *Qui distille des Cieux est son doux aliment :*
» *La Vierge vit du Ciel, qui est son élement ;*
» *Et le Ciel est l'object qui nourrit sa pensée.* »

213.

(VI) Cep de vigne avec son fruit grimpant autour d'un ormeau.

« *La vigne a vn ormeau fortement engagée,*
» *Suporte mieux le faix de son fruit meurissant :*
» *Et Marie à Ioseph jointe d'un nœud puissant,*
» *Par ce ferme soutien est beaucoup soulagée.* »

214.

(VII) Un souffle caressant un vautour.

« *Le Vautour ne conçoit que d'vn soufle celeste :*
» *Et le soufle puissant de la Diuinité,*
» *Donne à ce chaste sein vne fœcondité,*
» *Qui destruit du peché la puissance funeste.* »

215.

(VIII). Deux palmiers dont les rameaux sont enlacés.

« La mere de S^{t}. Iean, & la Vierge embrassées,
» Et Iesus caressant son saint Ambassadeur.
» Sont figurés icy par la puissante ardeur,
» Qui tient estroitement ces palmes enlacées. »

216.

(IX) Jardinier dans un parterre, contemplant un lys en fleur.

« Ioseph que vostre foy admette ce prodige?
» L'eminente grandeur de la maternité,
» Ne flêtrit point l'honneur de sa virginité,
» Comme ce Lis fleurit sans corrompre sa tige. »

217.

(X) Une Biche dans un bois.

« La Biche attend le coup d'vn éclatant tõnerre,
» Pour produire son fruict avec allegement :
» La Vierge attẽt du Ciel ce biẽ-heureux momẽt
» Qui la doit decharger du Sauueur de la terre.

218.

(XI) Une huître perlière entr'ouverte au bord de la mer reçoit la rosée.

« La Rosée à formé dans sa riche coquille,
» Cette perle qui luit d'vn éclat triomphant :
» L'esprit sainct à produict ce Dieu qui est enfant,
» Dans les pudicques flancs de cette chaste fille. »

219.

(XII) Les rayons du soleil traversant un miroir.

« Ce cristal reste entier, encore que la lumiere,
» Du bel astre du iour passe tout au trauers :
» Iesus quittant son sein pour viure en l'uniuers,
» Permet qu'en mesme tẽps, elle soit Vierge & Mere. »

220.

(XIII) Cavalier lavant une perle sur un plateau.

« A quoy bon vous purger cōme la loy cōmande.
» Vierge? vostre beauté n'en brillera pas mieux ;
» Quand on auroit laué la perle en mille lieux,
» Sa blācheur pour cela, n'en seroit pas plus grāde».

221.

(XIIII) Chasseurs poursuivant des lionceaux.

« D'vn courage asseuré vous fuyes ce barbare,
» Qui vouloit deschirer vostre fils par morceaux ;
» Ainsy quand le chasseur poursuit les Lionceaux,
» Des sentiers trop battus la Lionne s'egare.»

222.

(XV) Vue d'une mer calme. A sa surface nagent des dauphins. Un crocodile gît sur le rivage.

« Vierge ne craignez rien, il n'y à plus d'orage :
» Le calme laisse en paix la Mer, et le Dauphin.
» Herode dont le cœur machinoit vostre fin,
» Estendu sur le bord est creué par sa rage.»

223.

(XVI) Brebis bêlant après son agneau égaré.

« La Brebis meurt d'enüy, quād dās la solitude,
» Son Agneau a suiuy un chemin confondu :
» Et la Reyne du Ciel trouuant son filz perdu,
» Reçoit dans son esprit beaucoup d'inquiétude.»

224.

(XVII) Chasseresse qui lance son chien après des sangliers dans un espace tendu de rets.

« Temple du sainct Esprit, vostre Fils vo' delaisse ;
» Son zele va chasser les hommes dans ses rets.

» *Ainsi quand il est tẽps le chien court aux forets,*
» *Et sa bouillante ardeur ne soufre plus la lesse.»*

225.

(XVIII) Biche pleurant son faon tué par un chasseur.

« *O amour que tes dars ont vne pointe amere?*
» *La Biche qui gemit son fan dans ce portraict*
» *No' faict veoir que lamour auec le mesme traict,*
» *Qu'il tua Iesus-Christ, blessa aussy sa Mere.»*

226.

(XIX) Lionne poussant des rugissements près de son lionceau.

« *Tandis que mõ Sauueur dans le tõbeau sõmeille,*
» *La Vierge par ses pleurs l'appelle doucement :*
» *Ainsi quand le lion na plus de sentiment,*
» *Sa mere par ses cris le fait viure, & l'eueille.»*

227.

(XX) Tourterelle volant dans un désert.

« *Comme dans le desert la chaste Tourterelle,*
» *Trouue dedans ses trous vn air delicieux.*
» *La Vierge prend plaisir de visiter les lieux,*
» *Où son Fils à souffert & pour nous, & pour Elle.»*

228.

(XXI) L'Arche de Noé sur les eaux. Une colombe s'en approche portant dans son bec un rameau.

« *Apres cent tourbillons l'Arche espera le calme,*
» *Quand elle vit briller le rameau de la paix :*
» *La Vierge, que l'amour acable sous son faix,*
» *Attend la liberté, quand elle voit la palme.»*

229.

(XXII) Homme coupant un baumier.

« *Le Baume atteint au cœur d'vne lame meurtriere*

» *Verse en vn mesme instant sa vie, et sa liqueur.*
» *Et l'Amour, dōt le traict touche la Vierge au cœur*
» *En luy ouurant le ciel, lui ferme la paupiere.*»

230.

(XXIII) Homme jetant du bois dans un foyer.

« *Le bois n'estouffe point, mais faict viure la flame*
» *L'Amour qui de ses iours à éteint le flambeau,*
» *Au lieu de retenir son Corps sous le Tombeau :*
» *Le porte vers le ciel & l'vnit à son Ame.*»

231.

(XXIIII) Le soleil attirant les vapeurs de la terre, les y fait retomber en pluie.

« *Le Soleil tire en haut vne vapeur subtile,*
» *Pour aroser nos champs d'vn torrent precieux ?*
» *Iesus par son pouuoir tire sa Mere aux Cieux,*
» *Affin que sa faueur nous soit là plus vtile.*»

232.

(XXV) Des chérubins portent au ciel une couronne d'orfévrerie et deux mains tiennent sur terre une couronne de chêne et de laurier.

« *Encor que vostre Front soit courōné de gloire,*
» *Pour ce que vostre Bras á sauué les Humains,*
» *Vierge, permetés nous, imitant les Romains,*
» *De vous offrir le pris d'vne telle victoire.*»

233.

(XXVI) Le Nil débordé inondant l'Egypte.

« *Le Nil quittant son lit rend l'Egypte féconde,*
» *Et laisse tous les champs pleins de fertilité,*
» *La Vierge, du sejour ou luit sa Majesté,*
» *Verse un torrent de biens qui arrosent le Mōde.*»

234-260. Estampes décorant le livre intitulé : LVX CLAVSTRI ou *La lumiere du Cloistre. Paris, François Langlois, dict Chartres,* 1646, in-4°, composé de vingt-sept feuillets imprimés sur le recto où chaque estampe a été tirée. — Il y a en outre deux feuillets liminaires contenant le titre et la dédicace de Langlois à Augustin Joyeux.

Suite de vingt-sept estampes, y compris le titre qui n'est pas chiffré. Les autres le sont de 2 à 27, à la gauche du haut.

Largeur : 80 *à* 84 *millim. Hauteur :* 56 *à* 62 *millim.*

Avant d'avoir été employées au livre en question, les planches ont été tirées sans aucun texte. Depuis la publication du livre, elles ont servi à de nombreux tirages qui n'ont que très-peu altéré les compositions ; elles sont conservées à Nancy dans le cabinet de M. Thiéry.

Nous nous servirons dans notre description des quatrains français qui se rapportent à chaque emblème, d'après le livre cité.

Outre le titre qui est décrit ci-après et qu'on trouve toujours sans aucun numéro, les deux états des vingt-six dernières planches sont ainsi caractérisés :

I. Avant les numéros en caractères arabes placés à la gauche du haut.

II. Avec ces numéros.

234. *Titre.*

(1) Jésus-Christ dans les nuages au milieu du haut, apparaît à trois saints religieux agenouillés au bas et qui l'adorent. Deux anges, planant aux côtés du haut, soutiennent une vaste draperie où est écrit : LVX CLAVSTRI *Obedientia. Paupertas Castitas.* On lit au bas, à droite : *Jac. Callot fe.*

On connait deux états de cette planche :

I. C'est celui qui vient d'être décrit.

II. On lit, à gauche, avant le nom de Callot : *Il Ciartres ex Cum priuil.*

Au bas de la page est ce quatrain :

« *Povr arriuer au Ciel, où le vray Dieu l'appelle.*
» *Tu dois suiure en tous lieux sa sainte volonté,*
» *Ayant pour te guider la Chasteté fidelle,*
» *La prompte Obeïssance, & l'humble Pauureté.* »

235.

(2) Un parc de moutons gardé par un chien. Le bâton du berger surmonté d'un œil est planté au milieu du bas de l'estampe, où on lit : *Iac. Callot fe.*

« *Le Berger vigilant, soigneux de ses brebis,*
» *Dans les Parcs bien fermez les mène à la pasture.*
» *Le Prelat sur les cœurs à sa garde commis,*
» *Ouure l'œil, & les paist de la saincte Escriture.* »

236.

(3) Flambeau allumé dans un appartement.

« *L'on ne pose iamais sous un muid la lumiere,*
» *Mais sur vn chandelier, pour la produire aux yeux :*
» *Ainsi du vray Prelat l'action iournaliere,*
» *Est vn Phare esclairant dans le chemin des cieux.* »

237.

(4) Deux bergers gardaient leur troupeau, l'un tue un loup et l'autre court après un voleur.

« *Contre la dent des loups & la main larronesse*
» *Le Berger se hazarde, & n'espargne sa peau ;*
» *Ainsi le bon Prelat veille, & combat sans cesse,*
» *Affin qu'aucun des siens ne quitte le Troupeau.* »

238.

(5) Un corbeau jetant hors de son nid quelques-uns de ses petits, ce que regarde un rustre debout à droite.

« *Ses petits hors du nid, le Courbeau iette en bas,*
» *Lors que par leur blācheur, ils lui sōt dissēblables,*
» *Le bon Prelat de mesme, au Cloistre n'admet pas,*
» *Ceux qui n'ont riē d'égal à ses mœurs venerables.* »

239.

(6) Le soleil a cessé de luire à la droite de l'estampe, et deux tulipes qui s'y voient sont inclinées. Il se lève à l'opposite, et deux fleurs pareilles, qui s'y voient, élèvent leurs calices.

« *Au coucher du Soleil la Tulippe s'encline,*
» *Puis à son Orient, elle s'éleue en haut :*
» *L'Ame fleurit aux rays de la Clarté diuine,*
» *Et languit sans vigueur, quand ce feu luy defaut.* »

240.

(7) Le phénix se brûlant.

« *Aux rayons du Flābeau qui nous donne le iour.*
» *Le Phenix se brûlant renouuelle sa vie :*
» *Le Moine épris du feu de la diuine Amour,*
» *Verra du vray Soleil la lumiere infinie.* »

241.

(8) Corbeau fondant sur un limaçon sorti de sa coquille.

« *Son Toict au Limaçon est vne Targe forte,*
» *Mais tout à mesme temps qu'il se monstre dehors,*
» *Le Courbeau qui le void, dans ses serres l'ēporte,*
» *Et l'ayant deschiré, se repaist de son corps.* »

242.

(9) Couleuvre venant de quitter sa vieille peau.

« *Comme cét Animal qui sur la pierre glisse,*
» *Pour se renouueller, pose sa vieille peau ;*

» *Le Moine quittant tout, deuiē riche & plus beau,*
» *Bien qu'il semble aux Mondains qu'au Cloistre il s'apau-*
[urisse.»

243.

(10) Un chat regardant un oiseau qui est en cage.

« *Cet Oiseau prisonnier chante dans ce haut lieu.*
» *Sans auoir peur du Chat, qui sans cesse l'éclaire;*
» *Malgré tous les Demons, le Moine craignant Dieu,*
» *Psalmodie, & benit sa Prison volontaire.»*

244.

(11) Deux écuyers à cheval.

« *Par l'adroit Escuyer vn bon Cheual monté,*
» *Obeit à sa voix qui le dresse au Manége :*
» *Le vray Religieux suiura la volonté,*
» *De son Superieur qui le guide, & protege.»*

245.

(12) Un cerf dans l'eau.

« *Qvand le Cerf échauffé veut esteindre sa flame,*
» *Il se iette dans l'eau, sans peur de s'y noyer ;*
» *Ainsi quand le Peché te brûlera dans l'Ame,*
» *Les pleurs du repantir te pourront nettoyer.*

246.

(13) Oiseau perché sur une touffe de chardons.

« *Cet Oiseau patient, pour se nourrir le corps,*
» *Sur les chardons piquans fait des douces rapines ?*
» *Et le Moine au Desert fait d'illustres efforts,*
» *Pour suiure Iesus-Christ au milieu des Espines.»*

247.

(14) Rossignol perché sur un arbre épineux.

Invincible en son chāt, le Rossignol se perche.
» *L'estomach sur l'Espine, affin de s'esueiller.*

» *Le bon Religieux au lieu de sommeiller,*
» *Benit Dieu iour, & nuict, & sa grace recherche.* »

248.

(15) Aigle volant et rejetant ses vieilles plumes.

« *Povr se renouueller, & sa vigueur accroistre,*
» *L'Aigle iette d'enhaut sa vieille plume en bas ;*
» *Qui pour reuiure en Dieu, s'ēferme dās le Cloistre,*
» *Quitant ses vieux Pechez, s'affranchit du trespas.* »

249.

(16) Grue volant au-dessus de vautours perchés.

« *Sans te laisser trahir par tes propres discours,*
» *Contre ta langue mesme use de violence,*
» *Et sçache que la Grue, au milieu des Vautours,*
» *Passe, & doit son salut à son sage silence.* »

250.

(17) Syrène sonnant de la trompe sur la mer.

« *Si le Monde enchanteur te r'appelle à ses loix,*
» *Pour quiter de tes vœux les douceurs nōpareilles,*
» *Garde-toy d'escouter les charmes de sa voix,*
» *Mais trompe la syrene, en bouchant tes oreilles.* »

251.

(18) Ecrevisse sur un rivage qu'éclaire le soleil.

« *L'Escrevisse tardif croid tourner au Leuant,*
» *Quand il porte les yeux vers le climat contraire :*
» *Le Moine va demesme, & non pas en auant,*
» *S'il regarde le bien, & ne le daigne faire.* »

252.

(19) Vue d'un paysage à la clarté du soleil levant.

« *Le Soleil se fait voir tout clair à son Leuant,*
» *Et vient tousiours à nous augmentant sa lumiere :*

» *Le Iuste doit ainsi, dès qu'il est au Conuent,*
» *Accroistre sa lueur, aduançant sa carriere.*»

253.

(20) Cadavre dans un tombeau dont le couvercle est ôté.

« *Il n'est rien si puant, ny rien de plus hydeux,*
» *Q'vn Mort hors du Tōbeau, d'ōt on oste la pierre :*
» *Qui fait profession & viole ses vœux,*
» *Cōble d'horreur de mesme, & le Ciel & la Terre.*»

254.

(21) Une sainte embrassant l'arbre de la croix.

« *Qvi se voue à Iesus pour embrasser sa Croix,*
» *Taschant de l'imiter, doit se clouer sur elle ;*
» *Et ne prēdre autre voye, & n'entendre autre voix,*
» *Que celle du Pasteur, dont l'exemple l'appelle.*»

255.

(22) Narcisse se mirant dans l'eau.

« *Narcisse en se mirant au bord d'vne fontaine,*
» *Espris de sa beauté se laissa cheoir dans l'eau :*
» *Ainsi, méme au Desert, quand vne Ame est trop vaine,*
» *Se perdant, elle perd ce qu'elle a de plus beau.*»

256.

(23) Saules plantés au bord d'une rivière.

« *Le Saule entretenu sur le bord d'une eau viue,*
» *Et de la Chasteté representant les fleurs ;*
» *Monstre au Religieux, qui soigneux la cultiue,*
» *Comme il doit arrouser sa couche de ses pleurs.*»

257.

(24) Deux cœurs, l'un debout est enflammé, et l'autre renversé est coupé en deux.

« *Le Cœur meurt aussitost que le fer le Diuise,*
» *Au milieu de l'ardeur qui le va consumant :*

» *Il faut donc si quelqu'un ayme Dieu sainctement,*
» *Qu'il le luy dōne entier, sūs fraude & sans feintise.*»

258.

(25) Paysan chassant devant lui un âne chargé.

« *L'ASNE soubs les Tresors, le corps soubs l'Ame altiere,*
» *Accablés de tels fais ne feront rien de bon ;*
» *Et perdront leurs fardeaux en demeurat derriere,*
» *Si l'on ne fait agir le fouët, ou le baston.*»

259.

(26) Jardinier taillant un jeune arbre.

« *LE prudent Iardinier en émondant son Ente,*
» *Ses debiles rameaux, dresse d'vn Art secret ;*
» *Du ieune inferieur retien l'humeur ardente,*
» *De peur qu'il ne s'eschappe, & te porte au regret.*»

260.

(27) Le vent fait fléchir une touffe de roseaux.

« *LE Roseau sçait fleschir au gré du vent qui soufle,*
» *Et ployer à tout coup, quand il est agité ;*
» *Le Moine à son Abbé doit de mesme estre souple,*
» *Sans iamais se roidir contre sa volonté.*»

261-301. *Miracles opérés par l'intercession de Notre-Dame de l'Annonciade de Florence.*

Suite de quarante-une estampes, y compris le titre, gravées au burin et qui décorent le livre dont le frontispice, ci-après décrit, indique exactement le titre.

Le titre n'est pas chiffré. Il porte 182 *millim. de haut, dont* 4 *de marge, sur* 116 *millim. de large.*

Les autres pièces sont chiffrées à la droite du bas, dans

les marges, et comme il suit : 1, 3, 5, 7, 9, etc., jusqu'à la quarantième, qui porte le nombre 79. Voici leurs dimensions :

Hauteur : 130 à 139 millim., dont 16 à 22 de marge. Largeur : 78 à 83 millim.

A l'exception du titre, dont les différences seront indiquées ci-après, on connaît trois états de ces planches :

I. C'est celui que nous allons décrire : il n'y a qu'un seul chiffre au bas de la droite de chaque planche. Dix-huit pièces n'ont point de texte au verso. Ce sont celles qui portent les numéros 3, 17, 23, 25, 29, 33, 39, 41, 43, 53, 63, 65, 69, 71, 73, 75, 77, 79. A toutes les autres on voit du texte au verso.

II. Outre le chiffre qu'on remarque dans le premier état, chaque planche est numérotée à la gauche du bas, de 1 à 40. Dans cet état on aperçoit, au verso de quelques pièces qui sont autres que celles ci-dessus indiquées, des fragments de texte de la seconde édition.

III. Chaque pièce porte toujours deux numéros, mais on ne voit pas de texte au verso. En cet état les planches sont fort usées.

Ce livre a pour objet de décrire les principaux miracles opérés par la vertu de l'image de Notre-Dame de l'Annonciade de Florence. Il est dédié à Christine de Lorraine, fille de Charles III et veuve de Ferdinand de Médicis, grand duc de Toscane. Le texte et les gravures ont été composés longtemps avant leur première publication, qui eut lieu en 1619. Le titre seul est de cette époque. Les quarante gravures qui l'accompagnent sont moins bien exécutées, et datent des premiers temps du séjour de Callot à Florence. Elles ont été faites d'après les compositions de différents maîtres florentins, tels que *Giov. Biliverti, Fabr. Boschi, Arsen. Mascagnio, Pomerancio, Math. Roselli* et *Tempesta.* Aucune ne porte le nom de Callot, quoique la majeure partie lui appartienne certainement. Plusieurs n'ont aucune analogie avec sa manière et peuvent difficilement lui être attribuées (*)

261. *Titre.*

Décoration d'architecture en forme de retable, ornée au haut de deux anges assis soutenant un écusson dont le champ présente une tige de lis contre laquelle est adossée la lettre S. Deux autres

---

(*) Voici ce qu'on lit sur cette suite dans les notes manuscrites de Mariette, fol. 66 :

« Les principaux miracles opérés par l'intercession de l'image miraculeuse de Notre-Dame de l'Annonciade de Florence, représentés en une suite de quarante planches, sans y comprendre le frontispice ; on n'y doit pas comprendre non plus l'image miraculeuse de Notre-Dame de l'Annonciade, qui est gravée d'après le dessin de Mathieu Rosselli et est un peu plus grande que les autres planches de cette suite et ne se trouve pas, à ce qu'il me semble, dans le livre (v. ci-dessus notre n° 75). — Je suis comme assuré qu'elle n'a jamais été faite pour ce livre ; elle n'en est pas moins de Callot. Cette suite a été gravée au burin par J. Callot, pendant son séjour à Florence, et d'après les dessins de Mathieu Rosselli, qui en a fait la plus grande partie, et ceux d'Antoine Pomerance, frère Arsène Mascagni, Antoine Tempeste, Fabrice Boschi, Jean Bilivert et autres peintres de l'école florentine.

» La date de 1619 est celle de l'édition du livre ; mais il y a grande apparence qu'il y avait déjà quelques années que Callot avait gravé les planches. — Elles sont gravées au burin, d'une manière fort finie. Il y en a 19, en comptant le frontispice, du dessin de Math. Rosselli, 6 de Mascagni, 2 de Pomerance (qui se nomme Antoine, ce qui est remarquable), 4 de Tempeste et 1 de Fabrizio Boschi, 1 de Jean Bilivert que le père Orlandi nomme Antoine Biliven, et 8 où il n'y a pas de noms d'auteurs marqués.

anges sont debout vers le bas, montrant le tableau sur lequel est écrit : SCELTA | D'alcuni Miracoli e Grazie | della santissima | NUNZIATA DI FIRENZE | Descritti Dal P. F. Gio. Angiolo Lottini | dell'ord: de Serui | ALLA SER^ma CRISTIANA DI LORENO | Gran Duchessa di Toscana. — On lit dans une tablette, vers le bas : IN FIRENZE Appresso Pietro Cecconcellj Alle stelle Medicee » — Sur la marche de l'autel, à gauche : *Mathæus Rossell: Inu.*; et dans la marge : *Con Licenza de superiori* 1619.

On connaît trois états de cette planche :

I. C'est celui qu'on vient de décrire.

— Les quatre d'après Tempesta ne me paraissent pas de Callot, non plus que le titre, qui pourrait bien être de Th. Cruger.»

Cette note judicieuse est exacte dans toutes ses parties. Notons seulement ici que si, comme l'annonce avec raison Mariette, la vierge de *la Nunziata,* décrite n° 75, n'a pas été gravée pour le livre, on rencontre quelquefois des épreuves du second état de cette pièce, les quelles ont été ajoutées à quelques exemplaires du premier état des planches restés probablement en magasin.

Disons encore que cette suite ayant été gravée longtemps avant le titre, et avant la publication du livre auquel elle était destinée, il a pu en être tiré quelques épreuves hors texte, soit avant les inscriptions, soit avant les numéros ; cependant on n'en a jamais signalé de telles.

Dans la première édition, les figures ne sont pas placées dans l'ordre de notre description. Cela tient à ce que les numéros qu'on voit à droite de chaque estampe ne correspondent pas à l'ordre du texte qu'elles sont destinées à décorer. Ainsi, après le n° 35 on trouve le n° 39, et le n° 37 se trouve reporté à la page 169. Les n°s 41 à 53, qui devraient se trouver après le n° 39, sont plus loin dans le volume à côté du texte qui donne une ample description de chaque miracle.

II. La date a été changée, ainsi que le nom de l'éditeur. On lit sur le titre : IN FIRENZE *Nella stamperia de* LANDINI, et, à la droite du bas, la date de 1636. — C'est le titre qui accompagne la seconde édition, et par conséquent le second état des planches de la suite.

III. La date de 1636 a été effacée, non sans laisser des traces visibles. On rencontre quelquefois ce troisième état du titre en tête de la première édition du livre. Ceci ne peut s'expliquer que par la découverte d'anciens exemplaires restés en magasin, mais incomplets du titre. Le plus souvent ce frontispice, ainsi mutilé, accompagne des épreuves très-affaiblies par des tirages successifs.

Mariette attribue ce titre à Th. Cruger. Il est certain qu'il n'est pas de Callot. Outre qu'on n'y reconnaît pas sa manière, l'artiste lorrain ne gravait plus au burin en 1619, et surtout il ne gravait plus sur les dessins d'autrui.

262.

(1) Le public est admis à voir l'Annonciation peinte par Bartolomeo et qu'une main divine a achevée.

On lit dans la marge : *Nel muro doue Bartolomeo dipense la* NVNZIATA | *nel* M. CCLII, *il santo Volto da mano diuina fù effigiato.*

263.

(3) Une Dame obtient que l'enfant dont elle vient d'accoucher soit blanc, de noir qu'il était. On lit à la droite du bas : *Matthæus Rossell: Inu.*, et, dans la marge : *Vna Gentildonna*, etc.

264.

(5) Un soldat nommé Antoine, dont la tête vient d'être tranchée, obtient qu'elle soit rétablie à sa place ; c'est le sujet de l'effroi du bourreau, qui tombe à la renverse. On lit dans la marge : *Ad Antonio*, etc., suivi de : *Fr. Arsenius Mascagnius Inu.*

265.

(7) Le même bourreau, mis en devoir de faire mourir Pierre,

ne peut exécuter la sentence, sa hache demeurant immobile derrière son dos, ce qui sauve la vie au patient. = *Pietro, in atto per esser decollato*, etc., suivi de : *Mascagnius Inu.*

266.

(9) Un chevalier de Malte, condamné aux flammes par les Infidèles, n'en fut point atteint sur le bûcher enflammé. On lit à la gauche du bas : *Antonius Pomerancius Inu.*, et, dans la marge : *Vn Caualier di Malta*, etc.

267.

(11) Jean Fieschi dut à la vierge Marie de ne point mourir d'un grand coup d'épée que lui porta un chef d'armée contre lequel il combattait. = *Matthæus Rossell : Inu.* = *Giouanni Fieschi*, etc.

268.

(13) Hercule d'Este ne mourut pas d'un coup d'épée mortel qu'il reçut à la cuisse en combattant à cheval. = On lit à la droite du bas : *Matthæus : Rossel : Inu*, et, dans la marge : *Risana il Sig^r. Ercole da Este*, etc.

269.

(15) Une Reine de Chypre obtint de la Vierge la grâce de finir ses jours dans la chasteté. On la voit méprisant sa couronne et ses atours. On lit dans la marge : *Vna Regina di Cipri*, etc., suivis de : *Mascagnius Inu.*

270.

(17) Le pape Innocent VIII, au lit de mort, envisage tous les périls de sa dernière heure. = *Ad Innocenzio Ottauo*, etc. — Pièce anonyme.

271.

(19) Un maréchal-ferrant du nom de Barthélemi, fait une chûte de soixante brasses et n'en éprouve aucun mal. On lit à la gauche du bas : *Fabritius Boschius Inu.* et, dans la marge : *Cade Bartolomeo*, etc.

272.

(21) Un domestique, détenu pour vol dans une prison, obtient sa liberté. On lit dans la marge : *Vn seruidore carcerato*, etc., suivi de : *Mascagnius Inu.*

273.

(23) Dame couchée dans son lit, abattue par la maladie, contre laquelle tous les remèdes ont échoué, recouvre la santé. On lit à la gauche du bas : *Ioannes Biliuert Inu.*, et, dans la marge : *Donna languente*, etc.

274.

(25) Antoine Zingano, mort depuis vingt-quatre heures, est rappelé à la vie : son cortége funèbre l'entoure. = *Matthæus Rossell: In.* = *Antonio Zingano*, etc.

275.

(27) Nicolo, esclave chrétien chez les Turcs, parcourt le pays ses fers à la main et recouvre la liberté sans que personne s'y oppose. On lit à la droite du bas : *Matthæus Rossell: Inu.* = *Libero Nicolò*, etc.

276.

(29) Le soldat Génois Bartolomeo, blessé de trente plaies mortelles, recouvre la santé. On lit à la gauche du bas : *Matthæus Rossell: Inu.* = *A Bartolomeo*, etc.

277.

(31) Le seigneur Pierre Soderini, au lit de mort, recouvre la santé. On lit au bas, vers la gauche : *Matthæus Rossell: Inu:* et, dans la marge : *Al Sig*[r]. *Pietro Soderini*, etc.

278.

(33) Le seigneur Pierre dal Monte, blessé dangereusement à l'œil d'un coup d'arquebuse, obtient la cure de sa plaie. On lit à

la gauche du bas : ***Matthæus: Rossell: Inu:*** et, dans la marge : ***Al Sig**r. **Pietro dal Monte***, etc.

279.

(35) Un certain Spadino, allant labourer son champ, est assailli par un ours que des chasseurs poursuivaient et en est délivré. Pièce anonyme. On lit dans la marge : ***Oppresso Spadino da un Orso***, etc.

280.

(37) Une femme de Florence, nommée Madeleine, tombée d'un toit dans la rue, sur la bouche, en fut quitte pour la perte de quelques dents. On lit dans la marge : ***Maddalena cade dal tecto***, etc., suivi de : ***Mascagnius Inu.***

281.

(39) Un petit enfant, du nom d'Accursio, tombe de trente brasses de haut sans se faire de mal. Pièce anonyme. = ***Accursio Fanciulletto***, etc.

282.

(41) Dominique de Giusto, boulanger de Florence, demeure sain et sauf dans sa maison écroulée. On lit à la gauche du bas : ***Matthœus Rossell: Inu:*** et, dans la marge : ***Rimasto Domenico***, etc.

283.

(43) Une grande dame de Bologne, du nom de Marguerite, frappée de cécité depuis longtemps, recouvre la vue. On lit au bas, à droite : ***Matthœus Rossell : Inu.***, et, dans la marge : ***A'Margherita***, etc.

284.

(45) Un certain Giovanni, privé de la lumière depuis longtemps, la recouvre. Pièce anonyme. On lit dans la marge : ***Gioanni, stato***, etc.

285.

(47) Une femme nommée Antoinette, estropiée de ses membres, en recouvre l'usage à l'instant même. On lit au bas, à droite : ***Matthæus Rossell* : *Inu*.**, et, dans la marge : ***Antonia, storpiata,*** etc.

286.

(49) Un homme du nom de Léonard, autre estropié, fut subitement guéri. On lit au bas, à droite : ***Matthæus Rossel* : *Inu*.**, et, dans la marge : ***Lionardo, nella Cappella,*** etc.

287.

(51) Un certain Mariotto, natif de Cortone, soumis à la question devant ses juges sur une fausse accusation, n'en éprouva aucun mal. Pièce anonyme. On lit dans la marge : ***Mariotto di Martino***, etc.

288.

(53) Un certain Dominique, qu'une maladie avait conduit au tombeau, en sort plein de vie et de santé. On lit à la gauche du bas : ***Ant. Pomar. Inu.***, et, dans la marge : ***Domenico, non auendo ottenuto,*** etc.

289.

(55) Un certain Rocco est frappé de cinquante coups d'épée dont il guérit. On lit à la droite du bas : ***Matthæus Rossell* : *Inu*.**, et, dans la marge : ***Rocco ferito,*** etc.

290.

(57) Bernard, fils de Dominique de Verceil, pris pour un espion, et pendu comme tel, recouvre la vie après une nuit mortelle. Pièce anonyme. On lit dans la marge : ***Bernardo stando impiccato,*** etc.

291.

(59) Un capitaine, dangereusement blessé d'une balle de mous-

quet qui le renverse de cheval, en guérit. On lit au bas, à gauche : *Matthæus Rossell : Inu*, et, dans la marge : *Vn Capitano*, etc.

292.

(61) Le nommé Mariotto, exposé sur un bûcher, ne fut point atteint des flammes. Pièce anonyme. On lit dans la marge : *Mariotto, exposto*, etc.

293.

(63) *Le nommé Sino, conduit au supplice la corde au cou, obtint grâce de la vie et la liberté. On lit dans la marge : Sino, con voce, etc., suivi de : Antonius Tempestinus Inu.* — Morceau douteux.

294.

(65) Marc Cambini, blessé de plusieurs coups d'épée et laissé pour mort par ses assaillants, est conservé à la vie. On lit dans la marge : *Marco Cambini*, etc., suivi de : *Mascagnius Inu.*

295.

(67) *Le nommé François, condamné à perdre la tête, est exposé sous le couteau d'une machine semblable à la guillotine de nos jours. Par suite de l'intervention de la Vierge, le couteau est empêché de fonctionner. On lit dans la marge : Douendosi tagliar il collo, etc. Cette inscription est suivie de : Antonius Tempestinus Inu.* — Morceau douteux.

296.

(69) Gérard, fils de Juan d'Autriche, fut frappé d'un coup de hache qui devait le tuer et dont il ne perdit pas la vie. On lit au bas, à droite : *Matthæus Rossell : Inu* : et, dans la marge : *Gherardo Figliuolo di Giouanni d'Austria*, etc.

297.

(71) Sébastien, fils de Pierre, de Campidoglia, chargé de coups mortels et les deux yeux crevés, en guérit et recouvra la lumière.

On lit dans la marge : *A Bastiano*, etc., suivi de : ***Matthœus Rossell : In.***

298.

(73) ***Le nommé Martin, assailli par des gens armés et laissé pour mort, revient à la vie et à la santé. On lit dans la marge : Martino giunto, all'estremo, etc., suivi de : Antonius Tempesta Inu.*** — Morceau douteux.

299.

(75) ***Le nommé Bernard, fils d'Antoine, de l'Ile de Sardaigne, abîmé de coups et laissé pour mort, recouvre en une seule nuit la santé. On lit dans la marge : Bernardino con molte ferite, etc., suivi de : Antonius Tempestinus Inu.*** — Morceau douteux.

300.

(77) Agnola, fille de Jean de Montepulciano, couchée dans son lit et possédée depuis longtemps, est délivrée des démons. On lit à la droite du bas : ***Matthœus Rossell : delineauit***, et, dans la marge : ***Donna oppressa***, etc.

301.

(79) Quatre autres dames, également possédées des esprits infernaux, en sont délivrées au pied de l'autel de l'Annonciade, où on les voit prosternées. On lit à la droite du bas : ***Matthœus Rossell : Inu :*** et, dans la marge : ***Quattro Donne***, etc.

302-425.

Les Images de tous les Saints et Saintes et des Fêtes mobiles de l'année (*).

Suite de 490 estampes sur 124 planches, une sur chacune des deux premières et quatre sur chacune des

(*) Cette suite a été gravée en Lorraine à différentes époques,

122 autres, dont deux au haut et deux au bas. Les estampes des 122 dernières planches sont dans des ovales

---

mais elle n'a été publiée qu'un an après la mort du maître qui y travaillait encore dans les dernières années de sa vie. Le livre que ces estampes étaient destinées à décorer n'a pas paru ; mais il existe en manuscrit, à Nancy, chez M. Ch. de Gauvain. Il contient les vies de chacun des saints et saintes, représentés par les gravures de Callot. L'auteur, dont le nom a été gratté, déclare qu'il a fait exécuter les gravures qui étaient destinées à *illustrer* son travail hagiologique. Il ne dit pas, mais on le comprend de reste, que l'occupation de la Lorraine en 1633, a été le motif qui arrêta sa publication. Ce travail a été mis au net sur un exemplaire de premier tirage du livre des saints dans lequel la main du pieux lorrain a enlevé la dédicace au Cardinal de Richelieu, composée par Israël Henriet, pour y substituer une dédicace à la sainte Vierge dont voici le texte :

« A la tres Immaculée Vierge Marie mere de Dieu, Royne des Saincts, Dame de l'uniuers et Refuge des pecheurs

» Ayant faict grauer le pourtraict des sainctz, selon l'ordre des jours de l'annee, je n'ay iamais eu d'autres pensées que de vous mettre comme leur Royne et dame a la teste de ceste saincte trouppe : Car, après vostre diuin fils, debuans leurs couronnes a vos maternelles bontés, j'ay creu que selon l'Eloge que vous donne la saincte Eglise, vous deviez paroistre icy comme l'entrée du ciel, et la porte de leur bonheur; et puis, les sainctz ne pouuant estre considerez d'une ame cretienne, sans luy donner de grands desirs d'auoir un jour part à leur félicité, j'aurais faict tort à la piété de vos deuots, si d'abord ils ne vous eussent point rencontré, leur tendant les bras et leur présentant vostre pitoyable sein, pour les accueillir fauorablement et leur faire mesme office de bonté : Que si a vostre merite, à la reconnoissance des sainctz, et à la consolation de vos deuotz, il m'est permis de joindre quelque raison qui me soit particulière, Ce liure doit porter vostre sacré

ceints d'un filet double ; elle sont ornées d'un trait carré, haut et bas et des côtés, avec marge pareillement bordée.

Nous donnerons la dimension des deux premières planches en les décrivant.

---

nom et vostre saincte image ampreincte sur son front, Ainsy que mon cœur vous est de longtemps consacré et qu'il vous a confié ses plus chères espérances ; vous aggrerez, s'il vous plaist, avec vostre nompareille bonté ce petit ouurage, Attendant que par uostre faveur je puisse, avec cette saincte et heureuse compagnie, loner eternellement les diuines grandeurs de Jesus et les ineffables bontés de Marie.»

On peut facilement expliquer pourquoi les notices hagiologiques dont on vient de parler n'ont jamais vu le jour. L'auteur n'ayant pas pris livraison des planches, elles furent vendues par les héritiers de Callot à Israël Henriet, qui les publia sans aucun texte autre qu'une dédicace au Cardinal de Richelieu — Deux tirages eurent lieu avant la mort du Cardinal. Le premier se reconnait à ce triple caractère que la dédicace est imprimée, en entier, sur le recto du premier feuillet ; que le nom de Henriet, qu'on lit deux fois sur le titre est écrit *Henrielle,* et enfin que le cartouche qui se trouve au bas du frontispice est avant la lettre dont on parlera ci-après. On y lit seulement : A *paris | chez Israel Henriet | auec priuilege du Roy.* 1636. Dans le second tirage, qui porte, comme le premier, la date de 1636, mais qui pourrait bien avoir eu lieu entre 1636 et 1642, date de la mort du Cardinal, la dédicace est plus longue et s'étend sur le verso où le compliment se trouve au bas de la page. Les fautes du titre gravé ont été corrigées, sauf celle qui concerne le nom de Callot qu'on trouve toujours écrit *Calot,* et on y lit partout *Israel Henriet.* Le cartouche, au bas du frontispice représentant l'entrée des saints dans le ciel, a été rempli. Outre l'inscription, déjà rapportée, on y lit : en trois lignes : Non erit vltra mors, | neq; luctus,

Voici les dimensions des autres :

Hauteur : 205 à 213 millim. Largeur 117 à 121 millim.

Et celles des sujets qu'elles comprennent :

Hauteur : 90 à 95 millim., dont 26 à 29 de marge. Largeur : 48 à 50 millim.

NEQVE CLAMOR. *Apoc.* | *Il ny aura plus ny de mort, de douleur, ny de plaintes.*

Dans ce second tirage, il n'a été fait aucun changement aux planches de la suite.

Après la mort du Cardinal de Richelieu, et à une époque qu'on ne peut trop préciser, mais qui ne saurait être postérieure à la cession des planches à Fagnani, ces planches ont subi d'assez graves altérations dont nous rendons compte dans notre description. Il est du reste fort possible que de nombreux tirages aient eu lieu avant ces changements.

Des altérations postérieures à celles dont nous venons de parler ont encore été subies par plusieurs planches de la suite. N'ayant jamais rencontré d'exemplaire complet de ces planches, ainsi mutilées, il nous est impossible de rendre compte de ces changements qui, du reste, offrent peu d'intérêt. Nous avons pu cependant suivre quelques-unes des transformations subies par les gravures qui représentent les fêtes mobiles. Nous les mentionnons à la fin de notre description.

Les planches du livre des saints ont été copiées ou imitées du moins en partie. Quant aux planches originales, elles ont subi des tirages énormes. Ajoutons enfin que, pendant près de deux siècles, des épreuves coupées ont été vendues pour être insérées, en feuilles volantes, dans les paroissiens.

Il résulte de nos explications que les meilleures épreuves sont celles qui accompagnent les deux premiers tirages, surtout le premier. Ces exemplaires sont rares. Les exemplaires *complets* des planches altérées en partie, pour la première fois, ne sont pas communs. Ils ont été tirés tantôt de format in-quarto, tantôt de format petit in-folio. Les deux premiers tirages sont toujours petit in-folio.

On connaît deux états des planches représentant les saints :

I. C'est celui que nous allons prendre pour guide de notre description : il est à l'eau forte pure et les marges sont blanches. Chaque sujet renferme ces mots : *Israel.*, ou *Israel ex.*, ou *Israel excud.*

II. Un maladroit a retouché les sujets des mois de janvier et de février, en respectant, le plus souvent, les compositions et teintant horizontalement leurs angles après avoir enlevé les dates, le nom d'*Israel* et les autres inscriptions du premier état, auxquelles il a suppléé par de nouvelles dates et par de nouvelles inscriptions placées dans les marges (dont il a transformé quelques-unes en tablettes). Les nouvelles dates sont, ordinairement, accompagnées d'un texte latin avec traduction fançaise ; quelquefois on ne voit que le nom du mois sans qu'il soit précédé d'aucun chiffre. Le nom de Callot a été mis à plusieurs planches, non sans l'estropier parfois, comme au sujet du 4 février, où le nom de l'artiste est écrit Gillot. Dans les 36 estampes pour le mois de janvier et dans les 13 premières du mois de février (il y a souvent deux figures pour le même jour) on a gravé, dans la marge, le nom du saint avec une légende. A partir du 13 février, jusques et y compris le 28 du même mois, on ne lit que le nom du saint, sans légende. Ces changements ne sont pas les seuls ; on se bornera à faire remarquer qu'à partir du 3 janvier, jusques et y compris le 8 février, on lit au bas de la marge : Callot ou *J. Callot Inv. et fecit.* — Les images des saints, autres que celles dont nous venons de parler, ont été respectées ; mais, arrivé aux fêtes mobiles, le nouvel éditeur a coupé en quatre chacune des trois planches qui les contenaient, ce qui a fait douze morceaux qu'il a chiffrés de 1 à 12, après avoir enlevé l'*excudit* d'*Israel* et les inscriptions dont elles étaient revêtues. L'auteur des retouches dont on vient de parler a procédé sur les huit premières pièces comme il avait fait pour les sujets de janvier et de février, en faisant grâce de ses inscriptions sur les quatre derniers sujets auxquels la lettre a été ajoutée à une époque plus récente. En cet état, ces douze estampes se rencontrent, dans les derniers tirages dont nous allons parler, groupées, quatre par quatre, sur trois feuillets. — Du reste, les transformations subies par les planches qui représentent les fêtes mobiles seront l'objet d'une description spéciale.

Titre.

(1) *Les* IMAGES DE TOVS LES SAINCTS ET SAINTES DE L'ANNÉE *SVIVANT LE MARTYROLOGE* Romain. ***Faictes Par Iacques Calot. Et mises en lumiere par Israel Henriette.*** *DEDIÉES A MONSEIGNEVR L'EMINENTISSIME CARDINAL DVC DE RICHELIEV A* ***PARIS Chez Israel Henriette Auec Priuilege du Roy.*** 1636. Ce titre a été gravé sur une planche offrant, vers le bas, les armoiries du cardinal de Richelieu, dues, ainsi que le texte, à une main étrangère à Callot.

Hauteur : 217 *millim. Largeur :* 125 *millim.*

On connaît deux états de cette planche :

I. C'est celui qui vient d'être décrit. Il se réfère à la première édition qu'***Israel Henriet*** donna de cette suite, sous la date de 1636, et à laquelle il joignit une dédicace adressée au célèbre cardinal, imprimée en caractères typographiques sur le recto d'un feuillet préliminaire. Le format est pet. in-fol (*).

II. Le nom de ***Henriet***, deux fois écrit ***Henriette*** dans l'état qui précède, a été corrigé dans celui-ci, qui se réfère aux éditions postérieures. (Voy., à cet égard, la note relative au titre de cette suite.)

Frontispice.

(2) La sainte Vierge reçoit à la porte du paradis, s'élevant vers le haut de ce morceau, les saints et saintes qui s'y rendent processionnellement des deux côtés du bas. Dans un cartouche orné d'un chérubin qui garnit le bas de ce morceau, est écrit : NON ERIT VLTRA MORS, | NEQ; LVCTVS, NEQVE CLAMOR. *Apoc.* | ***Il ny***

(*) Ces deux éditions caractérisent les deux tirages des planches dont nous rendons compte dans la note précédente.

aura plus ny de mort, de douleur, ny de plaintes. | *A Paris* | *chez Israel Henriet* | *Auec Priuilege du Roy.* | 1636. On lit, en dehors, à gauche : *Iac. Callot.*, et à droite : *In. et fecit.*

Hauteur : 218 *millim. Largeur :* 126 *millim.*

On connaît trois états de cette planche :

I. Avant toute lettre. — *Très-rare.*

II. Le cartouche ne contient, de l'inscription rapportée, que les mots *A Paris chez Israel Henriet Auec Priuilege du Roy* 1636. Les noms de *Callot* se voient comme nous les avons rapportés. Cet état se réfère au premier tirage, avec dédicace, dont nous avons parlé. — Rare.

III. C'est celui que nous venons de détailler, il se réfère aux tirages postérieurs à celui de la première édition.

IV. Les inscriptions ont été effacées, ainsi que toute la partie inférieure du cartouche, jusqu'à environ la hauteur de la tête de séraphin dont une partie des ailes a été effacée, non sans laisser des traces très-apparentes. Les épreuves de cet état paraissent provenir d'une planche déjà coupée, mais nous ne les avons pas rencontrées avec le témoin du cuivre. En tout cas, la hauteur de la composition n'est plus que de 179 *millim.*

V. A une époque récente, la planche a été réduite ; les boucles de cheveux du séraphin, qui dépassaient le trait carré, ont été effacées. En cet état la largeur de la planche est toujours la même, mais elle n'a plus que 170 *millim.* de hauteur, et on y lit à la gauche du bas : *Jac. Callot in et fec.* Elle se conserve, à Nancy, dans le cabinet de M. Thiéry.

Images se rapportant au mois de janvier.

(3) La fête de la Circoncision de Notre Seigneur. On lit dans les angles : CIRCVNCISIO DÑI. 1. IANV.

(4) La fête du saint nom de Jésus. = FESTVM NOĪ IHS. 1. IANV.

(5) Saint Odilon, abbé. = S. ODILO ABB. 1. IANV.

(6) Sainte Euphrosine, vierge, en habits d'homme. = S. EVPHROSINA. V. 2. IAN.

(7) Sainte Geneviève, vierge. = S. GENOVEFA VIRG. 3. IANV.

(8) Saint Tite, évêque. = S. TITVS EPIS. 4. IANV.

(9) Saint Siméon Stylite. = S. SIMEŌ STILITES. 5. IANV.

(10) La fête de l'Epiphanie. = EPIPHANIA DNI. 6. IANV.

(11) Le retour d'Egypte. = REDIT? PVERI IESVS EX ÆGIPTO 7 IANVA.

(12) Saint Apollinaire. = S. APOLLINARIS EPVS. 8. IANVA.

(13) Saint Julien et sainte Basilisse sa femme. = SS. IVLIAN' ET BASI. CONIVGES 9. IANVA.

(14) Saint Paul, ermite. = S. PAVLVS I? EREMIT[a] 10. IANVA.

(15) Saint Théodose. = S. THEODOSIVS ABB. 11. *Ian.*

(16) Sainte Tatienne, vierge et martyre. = S. TATIANA V. ET M. 12. *Ian.*

(17) Saint Hilaire, évêque et confesseur. = S. HILARI'. EPI'. ET CŌ. 13 *Ian.*

(18) Saint Félix, prêtre et martyr. = S. FOELIX PRES. ET M 14 *Ian.*

(19) Saint Maur. = S. MAVRV' ABB. 15. *Iann.*

(20) Saint Jean Calybite. = S. IOANNES CALVBITA 15 *Iann.*

(21) Saint Marcel, pape et martyr. = S. MARCEL' PAPA ET M. 16. *Iann.*

(22) Saint Honorat, évêque et confesseur. = S. HONORATVS EPV'. ET CON 16 *Iann.*

(23) Saint Antoine. = S. ANTONIVS. 17. IANV.

(24) Sainte Prisque. = S. PRISQVA V. ET M. 18. IANV.

(25) Saint Germanique. = S. GERMANICVS 19 IANV.

(26) Saint Fabien et saint Sébastien. = SS. FABIAN'. ET SEBASTIĀ. 20 IANV

(27) Sainte Agnès. = S. AGNES V. ET M. 21 IANV.

(28) Le Mariage de la sainte Vierge. = DESPONSA[o] MARIÆ. V. ET. IOSEPH 22. IANV.

(29) Saint Ildefonse, archevêque. = S. IDELPHONS' ARCHIE 23. IANV.

(30) Saint Timothée. = S. TIMOTHEVS 24. IANV.

(31) La conversion de saint Paul, apôtre. = CONVES[io] S[ti] PAVLI APL 25. *Ianua.*

(32) Sainte Paule, veuve. = S^{TI} PAVLA VIDVA 26. *Janua.*

(33) Saint Jean Chrysostome. = S^{tus}. IOANN^{ES} CHRISOSTO^{VS} 27. *Jannu.*

(34) Saint Cyrille d'Alexandrie. = S^{tus} CYRILL^{VS} ALEXAN.' 28. *Janua.*

(35) Saint Sulpice. = S. SULPITIV^{S} ARCHIE 29. *Jan.*

(36) Sainte Aldegonde. = S^{a} ALDEGVN^{DIS} VIRGO. 30. *Jan.*

(37) Sainte Sabine. = Sta SABINA 30. *Jan.*

(38) La translation de saint Marc. = TRĀS^{o} S^{ti} MARCI, EV̄. 31. *Jan.*

Images se rapportant au mois de février.

(39) Saint Ignace. On lit dans les angles : S. IGNATI'. MAR. 1. FEB.

(40) La Purification de la Vierge. = PVRIFICAŌ B. MARIÆ. V. 2. FEB.

(41) Saint Blaise. = S. BLASIVS 3. FEB.

(42) Saint Isidore de Damiette. = S. ISIDOR'. MONACH'. 4. FEB.

(43) Sainte Agathe. = S. AGATHA V. ET M. 5. FEB.

(44) Sainte Dorothée. = S. DOROTHEA V. ET M. 6. FEB.

(45) Saint Romuald. = S. ROMVALD' FVND. CAMAL^{DOL} 7. FEB.

(46) Saint Paul, évêque de Verdun. = S. PAVL'. EPISC. VIRD^{VN} 8. FEB.

Aux épreuves de l'édition retouchée le correcteur a interverti les dates et les noms des saints des deux derniers morceaux.

(47) Sainte Apolline. = S. APOLLON^{A} V. ET M. 9. FEB.

(48) Saint Guillaume d'Aquitaine. = S. GVILLELM DVX AQVIT 10 FEB.

(49) Sainte Scolastique. = S. SCHOLASTICA 10. FEB.

(50) Saint Saturnin et ses compagnons. = S. SATVRNIN'. PRESB. ET SOCI 11. FEB.

(51) Sainte Eulalie. = S. EVLAL^{IA} V. ET M. 12 *feb.*

(52) Sainte Fusque et sainte Maure sa nourrice. = SS. FUSCA ET MARA EI' NVIR 13 *feb.*

(53) Saint Valentin. = S. VALENTI' PRESB. ET MAR. 14. *feb.*

(54) Saint Antonin. = S. ANTONIN' ABB. 14. *feb.*

(55) Saint Faustin et saint Jovite. = SS. FAVSTINVS ET IOVITA 15. *feb.*

(56) Sainte Julienne. = S. IVLIAN^a V. ET M. 16. *feb.*

(57) Saint Onésime. = S. ONESI^mus EP'. ET. M. 16. *feb.*

(58) Saint Polichroine. = S. POLICRONIVS EP'. ET M. 17. *feb.*

(59) Saint Siméon, évêque. = S. SIMEŌ EP'. HIER *et* M. 18. *feb.*

(60) Saint Gabin. = S. GABINI' PRESB *et* M. 19. *feb.*

(61) Saint Eucher, évêque d'Orléans. = S. EVCHERIVS EP'. AVRELIA 20. *feb.*

(62) Saint Silvain. = S. SILVAN^us EP'. ET M. 20 *feb.*

(63) Saint Félix, évêque de Metz. = S. FOELIX EPIS. METE. 21. FEB.

(64) Saint Joseph d'Arimathie. = S. IOSEPH AB ARIMATH^IA 22. FEB.

(65) Saint Polycarpe. = S. POLICARPVS. 23. FEB.

(66) Saint Mathias, apôtre. = S. MATHIAS APOST. 24. FEB.

(67) Saint Nicéphore et ses compagnons. = S. NICEPH^orus CVM SOCI M. M. 25. *feb.*

(68) Saint Nestor. = S. NEST^or EP' ET M. 26. *feb.*

(69) Saint Julien. = S. IVLIAN^o MAR 27. *feb.*

(70) Translation du corps de saint Augustin, évêque. = TRAS^ao S^i AVGVSTINI. EPI 28 *feb.*

Images se rapportant au mois de mars.

(71) Le saint Ange gardien. On lit dans les angles : S. ANGELVS CVSTOS 1. MAR.

(72) Saint Simplice, pape. = S. SIMPLICI PA. 2. MAR.

(73) Sainte Cunégonde, impératrice, vierge et martyre. = S. CVNEGV^NDIS IMPER. ET V. 3. MAR.

(74) Saint Lucius, pape. = S. LVCI'. PA. 4. MAR.

(75) Saint Phocas. = S. PHOCAS MAR. 5. *mar.*

(76) Saint Théophile. = S. THEOPHI^lus EPVS. 5. *martij.*

(77) Saint Conon. = S. CONON MAR. 6 *martij.*

(78) Sainte Perpétue et sainte Félicité. ss. PERPETVA/ ET FOELICITAS M. 7 *mar.*

(79) Saint Thomas d'Aquin. = S. THOMAS AQVINAS 7. MAR.

(80) Saint Adrien et ses compagnons. = S. ADRIAN' ET SOTII. 8 MAR.

(81) Sainte Françoise, veuve. = S. FRANCISCA VIDVA 9. MAR.

(82) Saint Macaire, évêque. = S. MACARI' EPIS. 10. MAR.

(83) Saint Meliton et ses compagnons. = S. MELITON XL. MM. IJ *mar.*

(84) Saint Firmin. = S. FIRMINVS ABB. IJ *mar.*

(85) Saint Grégoire-le-Grand, pape. = S. GREGORI' MAGNVS PAPA 12. *mart.*

(86) Sainte Euphrasie. = S. EVPHRASIA VIRG. 13 *mar.*

(87) Sainte Mathilde, reine. = S. MATHILDIS REGINA 14. *Mart.*

(88) Saint Longin, soldat. = S. LONGIMVS MILES M. 15 *Mart.*

(89) Saint Cyriaque, saint Large et saint Smaragde. = SS. CYRIACVS LARGVS ET SMARAGDVS MM. 16. *Mart.*

(90) Saint Héribert, évêque de Cologne. = S. HERIBERT' EP' COLON 16. *Mart.*

(91) Saint Patrice, évêque irlandais. = S. PATRICIVS EPVS HYBER 17. MART.

(92) Sainte Gertrude, vierge. = S. GERTRVDIS VIRGO 17. MART.

(93) Saint Gabriel, archange. = S. GABRIEL ARCHĀGEL' 18. *Mart.*

(94) Saint Edouard, roi. = S. EDVARD' REX ANGLIÆ 18. *Mart.*

(95) Saint Joseph. = S. IOSEPH 19. MARS.

(96) Saint Joachim. = S IOACHIM. 20 MA?

(97) Saint Benoît. = S. BENEDICT'. 21. MAR.

(98) Sainte Catherine de Suède, vierge. = S. CATHARINA SVET. V. 22. MAR.

(99) Saint Fidèle. = S. FIDELIS MART. 23. *mart.*

(100) Saint Agapit, soldat. = S. AGAPITVS MILES 24. *mart.*

(101) Sainte Dule, vierge. = S. DVLA VIRGO 25 *mart.*

(102) Saint Dimas, dit le bon larron. Ce sujet représente N. S. crucifié entre les deux larrons. De sa bouche sortent les paroles

qu'il adressa au bon larron dont il s'agit : *Hodie mecum eris in Paradiso.* = S. LATRO DIMAS 25. *mart.*

(103) L'Annonciation de la sainte Vierge. = ANVNCIAÕ B. M. V. 25. MAR.

(104) Saint Castule. = S. CASTVLVS 26. MAR.

(105) Saint Rupert, évêque. = S. RVPERT' EPIS. 27. MAR.

(106) Saint Gontran. = S. GVMTRAMNVS 28 MAR.

(107) Saint Jonas et saint Barachise. = SS. IONAS M. ET BARACHISIVS M. 29. *Mart.*

(108) Saint Jean Climaque. = S. IOANNES CLIMACVS ABBAS 30. *Mart.*

(109) Saint Benjamin, diacre. = S. BENIAMIN DIACON' M. 31 *Mart.*

(110) Saint Quirin et sainte Balbine, sa fille. = SS. QVIRINVS M. ET BALBINA EIVS FILIA V et *M.* 31 *Mart.*

Images se rapportant au mois d'avril.

(111) Saint Hugues, évêque. On lit dans les angles : S. HVGO EPISC. 1. APRIL.

(112) Saint François de Paule. = S. FRANCISC' DE PAVLA 2. APRIL.

(113) Sainte Marie Egyptienne. = S. MARIA EGIPTI 2. APRIL.

(114) Saint Richard. = S. RICARD' 3. APRIL.

(115) Saint Ambroise. = S. AMBROSIVS 4. APRIL.

(116) Saint Vincent Ferrier. = S. VINCENTI' FERRERI 5 APPRI.

(117) Saint Célestin, pape. = S. CELESTIN' PAPA 6 APRIL.

(118) Saint Lazarre. = S. LAZARVS 7 APRI.

(119) Saint Perpétue, évêque de Tours. = S. PERPETVVS EPVS 8. *April.*

(120) Sainte Marie Cléophée. = STA MARIA CLEOPHÆ 9. *April.*

(121) Saint Ezéchiel, prophète. = S. EZECHIEL PROPH. 10. *April.*

(122) Saint Léon le Grand, pape. = S. LEO MAGNVS PAPA. 11. *April.*

(123) Saint Victor. = S. VICTOR MART. 12. *April.*

(124) Saint Justin, le Philosophe. = S. IVSTINVS PHILOSOPH? MART. 13. *April.*

(125) Saint Tiburce et saint Valérien. = SS. TIBVRTIV' ET VALERIANVS 14. *April.*

(126) Sainte Basilisse et sainte Anastasie. = SS. BASILISSA ET ANASTASIA MM. 15. *April.*

(127) Notre-Dame des Douleurs. = S. MARIA DOLORV. 16 APRIL.

(128) Saint Etienne, abbé de Cîteaux. = S. STEPHAN' ABB. CISTER 17 APRIL.

(129) Saint Apollonius. = S. APOLONI' 18. APRIL.

(130) Saint Timon, diacre. = S. TIMON DIACO. 19. APRIL.

(131) Saint Théodore, confesseur. = S. THEODORV' CONF. 20 *April.*

(132) Sainte Agnès de Monte-Pulciano. = S. AGNES. V. IN MONTE POLITIANO 20. *April.*

(133) Saint Anselme, archevêque de Cantorbéry. = S. ANSELMVS EPVS CANTVA 21 *April.*

(134) Sainte Opportune. = S. OPORTVNA VIRG. 22. *April.*

(135) Saint Georges. = S. GEORGIV'. 23. APRIL.

(136) Saint Saba. = S. SABA. 24. APRIL.

(137) Saint Marc, évangéliste. = S. MARC'. EVANGEL 25. APRIL.

(138) Saint Marcellin, pape. = S. MARCELLIN' PAPA 26. APRIL.

(139) Saint Anastase, pape. = S. ANASTASIVS PAPA 27. *April.*

(140) Sainte Théodora. = S. THEODORA V. ET M. 28. *April.*

(141) Saint Vital et sainte Valérie, sa femme. = SS. VITALIS ET VALERIA CONIVG. M.M. 28 *April.*

(142) Saint Pierre, prédicateur. = S. PETRVS MART. ORD. PRÆDIC. 29 *April.*

(143) Sainte Catherine de Sienne. = S. CATHARINA SENENS. VIR. 29. *April.*

(144) Saint Marien. = S. MARIANVS MART. 30 *April.*

(145) Saint Eutrope, évêque. = S. EVTROPIVS EPVS ET MAR. 30 *April.*

(146) Sainte Sophie. = S. SOPHIA VIR ET M 30. *April.*

Images se rapportant au mois de mai.

(147) Les apôtres saint Philippe et saint Jacques. = SS. PHILIP' ET IACOB' APO[LS] 1 MAI.

(148) Saint Athanase, évêque. = S. ATHANA[SI'] EPIS. 2 MAI.

(149) L'Invention de la sainte Croix. = INVENTIO S. CRVCIS. 3. MAI.

(150) Sainte Pélagie. = S. PELAGIA V. ET. M. 4. MAI.

(151) La conversion de saint Augustin. = CONVERS. S. AVGVS-TIN'. 5. MAI.

(152) Saint Hilaire, archevêque. = S. HILARI' EPIS. 5. MAI.

(153) Saint Jean porte latine. = S. IOAN. AD PORTĀ LAT̄ 6 MAI.

(154) Saint Jean Damascène. = S. IOAN. DA. MASCE. EPIS. 6 MAI.

(155) Saint Stanislas. = S. STANISLAVS. EPIS̄. 7 MAI.

(156) L'Apparition de saint Michel, archange. = APARITIO. S. MICHAE[LIS] AR̄. 8. MAI.

(157) La translation de saint Nicolas. = TRANSLATIO S. NICOLAI 9. MAI.

(158) Saint Grégoire de Nazianze. = S. GREGORIVS NANZIĀ 9. MAI.

(159) Saint Job, prophète. = S. IOB PROPHET[A] 10. MAI.

(160) Saint Gangulphe ou Gengoul. = S. GANGVLPHVS M. 11. MAI.

(161) Saint Epiphane, évêque. = S. EPIPHA[NIVS] EPISC. 12. MAI.

(162) Sainte Marie des martyrs. = S. MARIA AD MARTIR[ES] 13. MAI.

(163) Saint Servais. = S. SERVATI' EPVS, 13. MAIJ.

(164) Saint Boniface. = S. BONIFACI' MAR 14 MAIJ.

(165) Saint Pacôme. = S. PACHOMIV[S] ABBAS. 14. MAIJ.

(166) Sainte Couronne. = S. CORONA MAR. 14. MAIJ.

(167) Sainte Dimpne. = S. DYMPNA V. ET M. 15. MAIJ.

(168) Saint Pelerin, évêque. = S. PEREGRIN' EPVS. ET. M. 16. MAIJ.

(169) Sainte Restitue. = S. RESTITVA V. ET M. 17. MAIJ.

(170) Saint Dioscore. = S. DIOSCORVS MAR. 18. *MAij*.

(171) Sainte Potentienne. = S. POTENTIANA VIR 19. *MAij*.

(172) Saint Dunstan. = S. DVNSTAN^{s}. EPVS. 19. *MAij*.

(173) Saint Yves, prêtre et confesseur. = S. IVON. PRES. ET. CON. 19. *MAij*.

(174) Saint Bernardin de Sienne. = S. BERNARDIN' SENESI. 20. *MAij*.

(175) Saint Nicostras et saint Antiochus, tribuns = SS. NICOSTRATVS ET ANTIOCVS TRIB. 21. *MAij*.

(176) Sainte Julie. = S. IVLIA V. ET M. 22. *MAij*.

(177) Saint Didier. = S. DESIDERI^{VS} EPVS. M. 23. *MAij*.

(178) Sainte Suzanne, sainte Marcienne et sainte Palladie. = SS. SVSANNA MARTIANA ET PALLA^{dia} M. M. 24. *MAij*.

(179) Saint Urbain, pape. = S. VRBANVS PAP. ET. M. 25. *MAij*.

(180) La translation de sainte Marie, mère de saint Jacques. = TRANS^{lao} STÆ MARIÆ IACOBI 25. *MAij*.

(181) Saint Quadrat. = S. QVADRAT' MAR. 26. *MAij*.

(182) Saint Jules. = S. IVLIVS MAR. 27. *MAij*.

(183) Saint Germain, évêque et confesseur. = S. GERMANVS EP' ET CONF. 28 *MAij*.

(184) Saint Maximin, évêque et confesseur. = S. MAXIMIN'. EP' ET CON. 29. *MAij*.

(185) Sainte Emmélie. = SANCTA EMMELIA 30 *MAij*.

(186) Sainte Pétronille. = S. PETRONILLA VIRG. 31 *MAij*.

Images se rapportant au mois de juin.

(187) Saint Pamphile et saint Porphyre. On lit dans les angles de l'ovale : SS. PAMPHILIVS ET PORPHIRIVS MM. 1 *juni*.

(188) Sainte Blandine et ses compagnes. = S. BLANDINA V. ET M. CV̄ SOCIAB' 2 *juni*.

(189) Saint Erasme. = S. ERASMVS EPVS 3. *juni*.

(190) Saint Optat, de Milève en Numidie. = S. OPTATVS MILEVIT. 4. *juni*.

(191) Notre-Dame des Joies. Elle contemple le Sauveur. = S. MARIA GAVDIORV̄ 5. IVN.

(192) Saint Claude. = S. CLAVDIVS ARCHIEP. 6. IVN.

(193) Saint Norbert. = S. NORBERtus ARCHIEP. 6. IVN.

(194) Saint Robert. = S. ROBERT' ABB. 7. IVN.

(195) Saint Médard. = S. MEDARDVS EPVS 8 *juni*.

(196) Sainte Calliope. = S. CALLIOPA MAR. 8. *juni*.

(197) Saint Prime et saint Félicien. = SS. PRIMVS ET FELICIAN' MM. 9. *juni*.

(198) Sainte Marguerite, reine d'Ecosse. = S. MARGARETA REGINA SCOTIÆ 10. *juni*.

(199) Saint Barnabas, apôtre. = S. BARNABAS, APOST. 11 IVN.

(200) Saint Honufre, ermite. = S. HONOFRIVS EREM. 12. IVN.

(201) Saint Antoine de Padoue. = S. ANTHONI' PADVEN. 13. IVN.

(202) Saint Basile le Grand. = S. BASILI' MAGNVS. EP. 14. IVN.

(203) Saint Vit, saint Modeste et saint Crescent. = SS. VITVS MODESTVS ET CRESCENTIA M. M. 15 *juni*.

(204) Saint Julitte et saint Cyr. = SS. IVLITTA ET QVIRICVS MM. 16. *juni*.

(205) Saint Vultmar. = S. VVLTMARVS ABBAS 17 *juni*.

(206) Sainte Elisabeth, vierge. = S. ELIZABETh VIRG. 18. *juni*.

(207) Saint Gervais et saint Protais. = SS. GERVASIVS ET PROTASIVS MM. 19. *juni*.

(208) Saint Sylvère, pape. = S. SILVERIVS PAP. ET M. 20. *juni*.

(209) Saint Eusèbe, évêque de Samosate. = S. EVSEBIVS SAMOSATENVS. EPVS. 21. *juni*.

(210) Saint Paulin, évêque de Nole. = S. PAVLINVS NOLÆ EPVS 22. *juni*.

(211) Saint Zenon et son compagnon. = SS. ZENON ET SOC. MM. 23. IVN.

(212) Saint Jean-Baptiste : on le voit prêchant dans le désert. = S. IOANNES BABTISTA 24. IVN.

(213) Saint Gallican. = S. GALLICAN' MAR. 25. IVN.

(214) Saint Pélage. = S. PELAGIVS MAR. 26. IVN.

(215) Saint Ladislas, roi. = S. LADISLAVS REX. 27. IVN.

(216) Sainte Potamienne et sainte Marcelle. = SS. POTAMIENA ET MARCELLA MM. 28. IVN.

(217) Saint Pierre et saint Paul, apôtres. = S. PETRVS et PAVLVS AP. 29. IVN.

(218) Saint Martial, évêque. = S. MARTIALis EPISC. 30 IVN.

Images se rapportant au mois de juillet.

(219) Saint Siméon, surnommé Salus. On lit dans les angles de l'ovale : S. SIMEON SALVM EREM. 1. IVL.

(220) Fête de la Visitation. = VISITAÕ. B. M. V. 2. IVL.

(221) La déposition des vêtements de la vierge Marie. = DEPOSIŌ VES. B. M. V. 2. IVL.

(222) Saint Hiacynthe. = S. HIACINTVS 3. IVL.

(223) Sainte Elisabeth, reine de Portugal. = S. ELISABETH PORTVGAL REGINA 4. *Julij.*

(224) Sainte Zoé. = S. ZOA MAR. 5. *Julij.*

(225) Saint Esaïe, prophète. = S. ESAIAS PROPH. 6. *Julij.*

(226) Sainte Edilburge, fille d'un roi d'Angleterre. = S. EDILBVRGA V. FILIA REGIS ANGLIÆ 7. *julij.*

(227) Saint Procope. = S. PROCOPIVS MAR. 8. *julij.*

(228) Saint Aquila et sainte Priscille, sa femme. = SS. AQVILA ET PRISCILLA EIVS VXOR 8. *julij.*

(229) Sainte Anatolie. = S. ANATOLIA V. ET MAR. 9. *julij.*

(230) Sainte Rufine et sainte Seconde, sœurs. = SS. RVFINA ET SECVNDA SORORES W. ET MM. 10. *julij.*

(231) Saint Abondie. = S. ABVNDIVS PRESB. M. 11. *julij.*

(232) Saint Galbert ou Gualbert, instituteur de l'ordre de Val Ombrone. = S. GALBERTVS ABBAS, VALLIS VMBROSÆ.

(233) Sainte Marcienne. = S. MARCIANA V. ET MAR. 12. *julij.*

(234) Saint Anaclet, pape. = S. ANACLETVS PAP. ET M. 13. *julij.*

(235) Saint Bonaventure, cardinal. = S. BONAVENTURA CARDIN. 14 *julij.*

(236) Saint Just, soldat. = S. IVSTVS MILES, 14. *julij.*

(237) Saint Henri, empereur. = S. HENRICVS REX. 14. *julij.*

(238) Saint Antioche, médecin. = S. ANTIOCHVS MED. 15. *julij.*

(239) Notre-Dame du Mont Carmel. = S. MARIA DE MONTE CARM^EL 16 IVL.

(240) Sainte Reynelde. = S. RAINELDI^S V. ET M. 16. IVL.

(241) Saint Alexis = S. ALEXIS 17. IVL.

(242) Saint Arnould, évêque de Metz. = S. ARNVLPHV^S ABB. METT 18. IVL.

(243) Saint Frédéric, évêque. = S. FRIDERICVS EPVS ET M. 18. *julij.*

(244) Saint Arsène. = S. ARSENIVS EREMIT. 19. *julij.*

(245) Saint Elie, prophète. = S. ELIAS PROPHET. 20. *julij.*

(246) Saint Joseph le juste. = S. IOSEPH IVSTVS 20. *julij.*

(247) Sainte Marguerite, vierge. = S. MARGARE^TA V. ET. M. 20. IVL.

(248) Saint Praxède. = S. PRAXEDI^S VIRG. 21. IVL.

(249) Sainte Marie-Madeleine. = S. MAR. MAGDALEN^A. 22. IVL.

(250) Sainte Brigitte, veuve. = S. BRIGITTA VIDVA 23 IVL.

(251) Sainte Christine. = S. CHRISTIN^A V. ET M. 24. IVL.

(252) Saint Jacques, apôtre, et saint Christophe. = SS. IAC' APO^S. ET CHRISTO M. 25. IVL.

(253) Sainte Anne, mère de la sainte Vierge. = S. ANNA MATER M. VIR. 26. IVL.

(254) Les sept bienheureux Dormants. = SS. SEPTEM DORMIENT^ES 27. IVL.

(255) Saint Pantaléon, médecin. = S. PANTALEO^N MEDIC. 27 *julij.*

(256) Saint Nazaire et saint Celse = SS. NAZARIV^S ET CELSVS M. 28. *julij.*

(257) Sainte Marthe. = S. MARTA VIRG. 29. *julij*

(258) Sainte Béatrix. = S. BEATRIX MART. 29. *julij.*

(259) Sainte Maxime, sainte Donatille et sainte Seconde, vierges et martyres. = SS. DONATILLA MAXIMA ET SECVNDA MM. ET W. 30 *julij.*

(260) Saint Fabius. = S. FABIVS MART. 31. *julij.*

(261) Saint Jean Colombin, instituteur de l'ordre des Jésuites.

= S. IOANNES COLVMBAN' IESVAST. ORVM INSTITVTOR. 31. *julij.*

(262) Saint Ignace de Loyola. S. IGNATIVS LOIOLA 31. *julij.*

Images se rapportant au mois d'août.

(263) Saint Pierre aux liens. On lit dans les angles de la composition : S. PETRVS AD VINCVLA 1. AVGV.

(264) Notre-Dame des Anges.= S. MARIA ANGELORV 2 AVGVS.

(265) L'invention du corps de saint Etienne. = INVENTIO S. STEPHAN' 3. AVGVS.

(266) Saint Dominique, fondateur de l'ordre des frères prêcheurs. = S. DOMINICVS ORD. PRED. FVND. 4. AVGVS.

(267) Sainte Marie des neiges. = S. MARIA AD NIVES 5. AVG.

(268) Saint Memme. = S. MEMMIVS EPIS. 5. AVG.

(269) La Transfiguration de Notre-Seigneur. = TRĀSFIGVRATIO DNI NRI 6. AVG.

(270) Saint Juste et saint Pastor. = SS. IVSTVS ET PASTOR 6. AVG.

(271) Saint Albert, carme. = S. ALBERTVS CARMEL. 7 *Aug*

(272) Saint Marin, vieillard. = S. MARINVS SENEX M. 8. *Aug*

(273) Saint Démétrius et ses compagnons. = S. DEMETRIVS. M. CV̄ SOCIIS 9. *Aug.*

(274) Saint Laurent, martyr. = S. LAVRENTIVS MAR. 10. *Aug.*

(275) Saint Alexandre, surnommé le Charbonnier. = S. ALEXĀDER CARBONARIVS EPV̄ ET M 11 *Aug.*

(276) Sainte Claire. = S. CLARA VIRG. 12. *Aug.*

(277) Sainte Digne et ses compagnes. = S. DIGNA CV̄ SOCIABVS M. M. 12. *Aug.*

(278) Sainte Concordie. = S. CONCORDIA MART 13. *Aug.*

(279) Saint Hippolyte. = S. HIPPOLITVS MAR 13. *Aug.*

(280) Sainte Radegonde, reine. = S. RADEGVNDIS REGINA 13. *Aug.*

(281) Saint Cassien. = S. CASSIANVS MART. 13. *Aug.*

(282) Sainte Athanasie, veuve. = S. ATHANASIA VIDVA. 14. *Aug.*

(283) L'Assomption de la sainte Vierge. = ASSVMPTIO B. M. V. 15. AVG.

(284) Saint Roch. = S. ROCHVS CONF. 16. AVGV.

(285) Le saint Sauveur. = SALVATOR MVNDI 16. AVG.

(286) Sainte Claire de Monte-Falco. = S. CLARA DE MONTEFALCV. 17. AVG.

(287) Sainte Hélène, impératrice, mère de Constantin. = S. HELENA MATER CONSTANTINI 18. *Aug.*

(288) Saint Donat. = S. DONATVS PRESBIT ANACHOR. 19. *Aug.*

(289) Saint Louis, évêque. = S. LVDOVICVS. EPVS MINORITA 19. *Aug.*

(290) Saint Bernard, abbé. = S. BERNARDVS ABBAS. 20. *Aug.*

(291) Saint Philibert. = S. PHILIBERTVS ABB. 20. *Aug.*

(292) Saint Privat. = S. PRIVATVS EPVS. M. 21. *Aug.*

(293) Saint Symphorien. = S. SIMPHORIANVS MAR. 22. *Aug.*

(294) Saint Philippe, fondateur de l'ordre des servites. = S. PHILIPPVS INSTITVTOR SERVORV B. M. 23. *Aug.*

(295) Sainte Aurée. = S. AVREA. VIRG. 24. *Aug.*

(296) Saint Barthélemi, apôtre. = S. BARTHOLOMEVS APLVS. 25. *Aug.*.

(297) Saint Louis, roi de France. = S. LVDOVICVS REX FRANCIÆ 25 *Aug.*

(298) Saint Genès. = S. GENNESIVS. MART. 25 *Aug.*

(299) Sainte Patricie. = S. PATRICIA VIRG. 25. *Aug.*

(300) Saint Second et saint Alexandre. = SS. SECVNDVS M. ET ALEXANDER, M. 26. *Aug.*

(301) Saint Césaire. = S. CESARIVS EPVS 27 *Aug.*

(302) Saint Augustin, docteur de l'Eglise. = S. AVGVSTINVS DOCTOR, 28. *Aug.*

(303) Saint Merri. = S. MEDERICVS ABB: 29. AVGV.

(304) La décollation de saint Jean-Baptiste. = DECOLLAO S. IOAN BAPT 29. AVG.

(305) Saint Fiacre. = S. FIACRIVS 30. AVGV.

(306) Fête à la sainte Vierge. = DEPOSIO CINGVLI B. M. V. 31. AVGV.

Images se rapportant au mois de septembre.

(307) Saint Gilles, ermite. On lit dans les angles : S. EGIDIVS EREM. 1. SEPT.

(308) Saint Leu, archevêque de Sens. = S. LVPVS ARCHI : SEN^CIS 1. SEPT.

(309) Sainte Anne, prophétesse. = S. ANNA PROPHET. 1. SEPT.

(310) Saint Nonnose. = S. NONNOSV^S ABB. 2. SEPT.

(311) Saint Mansuet, évêque de Toul. = S. MANSVETV' EPVS. TVLL. 3. *Sept.*

(312) Sainte Séraphie et sainte Erasme. = S. SERAPHIA V. M. ET ERASMA V. M. 3. *Sept.*

(313) Saint (*sic*) Moïse, législateur des Hébreux. = S. MOYSES LEGISL. 4 *Sept.*

(314) Saint Bertin. = S. BERTINV^S ABBAS. 5. *Sept.*

(315) Saint Eleuthère. = S. ELEVTHERIV^S ABB. 6. SEPT.

(316) Sainte Reine. = S. REGINA V. ET M. 7. SEPT.

(317) Saint Jean, martyr. = S. IOANES MARTIR. 7. SEPT.

(318) La Nativité de la sainte Vierge. = NATIVITA^S B. M. V. 8. SEPT.

(319) Saint Gorgon et saint Dorothée. = SS. GORGONIV^S ET DOROTHE^S M. M. 9. *Sept.*

(320) Saint Nicolas de Tolentino. = S. NICOLAVS TOLENTIN 10 *Sept.*

(321) Saint Polien et saint Nemesien. = S. POLIANVS ET NEMESIANVS MM. 10. *Sept.*

(322) Sainte Pulchérie, impératrice et vierge. = S. PVLCHERI^A VIRG. IMPERA 10. *Sept.*

(323) Saint Paphenuce, évêque. = S. PAPHVNTIV^S EPVS 11. *Sept.*

(324) Saint Macédonius et saint Théodule. = S. MACEDONI^9 M. ET THEODVLVS. M. 12. *Sept.*

(325) Saint Amé. = S. AMATVS ABBAS. 13. *Sept.*

(326) Saint Corneille, pape et martyr. = S. CORNELIV^9 PAP. ET M. 14. *Sept.*

(327) L'Exaltation de la sainte Croix. = EXALTAO S. CRVCIS 14 SEPT.

(328) Saint Apre, évêque de Toul. = S. APER EP. TVLL. 15. SEPT.

(329) Sainte Euphémie. = S. EVFEMIA V. ET M. 16. SEPT.

(330) Saint Lambert, évêque. = S. LAMBERT⁹ EPISCOP. 17. SEPT.

(331) Saint Ferréol. = S. FERREOLVS MART. 18. *Sept.*

(332) Saint Janvier, évêque de *Pouzzoles.* = S. IANVARIVS EPVS PVTEOL. 19. *Sept.*

(333) Saint Eustache et ses enfants. = S. EVSTACHI' M. CVM FILIIS M. 20. *Sept.*

(334) Sainte Fauste et saint Evilase. = SS. FAVSTA V. ET EVILASI MM. 20. *Sept.*

(335) Saint Candide. = S. CANDIDA VIRG. ET M. 20. *Sept.*

(336) Saint Matthieu, apôtre. = S. MATHEVS APLVS 21. *Sept.*

(337) Sainte Iphigénie. = S. IPHIGENIA VIRG 21. *Sept.*

(338) Saint Maurice et ses compagnons. = S. MAVRITIVS CVM SOCIIS. 22. *Sept.*

(339) Sainte Thècle. = S. TECLA. V. ET M. 23 *Sept.*

(340) Saint Lin, pape. = S. LINVS. PAP. ET M. 23. *Sept.*

(341) Saint Andoche et saint Thyrse. = S. ANDOCHIVS M. ET THYRVS M. 24. *Sept.*

(342) Saint Cléophas, disciple de N.-S. = S. CLEOPHA^s CHRI DISCIP 25. *Sept.*

(343) Saint Calistrate. = S. CALISTRATV^s MART. 26 *Sept.*

(344) Saint Cyprien et sainte Justine. = SS. CIPRIANV^s ET IVSTINA MM. 26. *Sept.*

(345) Sainte *(sic)* Côme et saint Damiens. = S. COSMA ET DAMIAN^s MM. 27. *Sept.*

(346) Saint Elzear, comte. = S. ELZEAR COMES. 27 *Sept.*

(347) Saint Wenceslas, roi. = S. VENCESLA' REX. 28. SEPT.

(348) Saint Michel, archange. = S. MICHAEL ARCHANG. 29. SEPT.

(349) Saint Ange Gardien. = S. ANGEL' CVSTOS 29. SEPT.

(350) Saint Jérôme, docteur de l'Eglise. = S. HIERONIM' DOCT. 30. SEP.

Images se rapportant au mois d'octobre.

(351) Saint Remi, archevêque. On lit dans les angles de l'ovale : S. REMIGIVS ARCHIEPIS. 1. OCTOB.

(352) Saint Léger, évêque d'Autun. = S. LEODEG^{AI}' EPIS. ET M. 2. OCTO*b*.

(353) Saint Gérard, abbé. = S. GERARDV^S ABB. 3. OCTO.

(354) Saint François le séraphique. = SANC. FRANCISCV^S 4. OCTOB.

(355) Sainte Thérèse. = S SANCTA TERESIA 5. *Octob.*

(356) Saint Placide et sainte Flavie. = SS. PLACIDVS ET FLAVIA MM. 5. *Octob.*

(357) Saint Bruno, fondateur des chartreux. = S BRVNO. CARTVSIANVS. 6. *Octob.*

(358) Sainte Foi, vierge et martyre. = S. FIDES V. ET MAR. 6. *Octob.*

(359) Notre-Dame de la victoire. = S. MARIA DE VICTOR^{IA} 7. OCTOB.

(360) Saint vieillard Siméon. = S. SIMEON SENEX 8. OCTO.

(361) Sainte Pélagie, pénitente. = S. PELAGIA POENITEN^S 8. OCTO.

(362) Sainte Reparate et sainte Benotte. = SS. REPARATA ET. BENEDICT^A V.V. ET MM. 8. OCTO.

(363) Saint Denys, saint Rustique et saint Eleuthère. = SS. DIONISIVS RUSTICVS ET ELEVTHERIVS. 9 *Octob.*

(364) Saint Abraham, patriarche. = S. ABRAHAM PATRIAR. 9 *Octob.*

(365) Saint Géréon et ses compagnons. = S. GEREON CVM, SOCIIS. 10. *Octob.*

(366) Saint Probe et saint Andronique. = SS. PROBVS ET ANDRONICVS. 11. *Octob.*

(367) Saint Maximilien. = S. MAXIMILIAN' EPVS 12. *Octob.*

(368) Saint Carpe. = S. SANCTVS CARPVS. 13. *Octob.*

(369) Saint Daniel et saint Ange. = SS. DANIEL ET ANGELVS. 13. *Octob.*

(370) Saint Fortunat. = S. FORTVNATVS EPVS. 14. *Octob.*

(371) Saint Calixte, pape. = S. CALIXTVS PAP. ET M. 14. *Octob.*

(372) Sainte Hedwige, duchesse de Pologne. = S. HEDVVIGIS DVCISSA POLON. 15. *Octob.*

(373) Saint Martinien et saint Saturien. = SS. MARTINIANVS ET SATVRIAN' MM. 16. *Octob.*

(374) Saint Florentin. = S. FLORENTIN' EPVS. 17 *Octob.*

(375) Saint Luc, évangéliste. = S. LVCAS EVANGE : 18 OCTO.

(376) Saint Lucien, évêque. = S. LVCIAN.' EPISC. ET M. 19. OCTO :

(377) Sainte Irène. = S. IRENE[s] V. ET M. 20. OCTO.

(378) Saint Hilarion. = S. HILARIO[N] EREM. 21. OCTOB.

(379) Sainte Ursule et ses compagnes. = S. VRSVLA. CVM SOCIAB' 21 *Octob.*

(380) Sainte Marie Salomé. = S. MARIA SALOMÆ 22. *Octob*

(381) Saint Severin. = S. SEVERINVS EPVS. 23. *Octob.*

(382) Saint Magloire. = S. MAGLORIVS EPVS. 24. *Octob.*

(383) Saint Chrisante et sainte Darie, sa femme. = S. CRISANTHVS M. ET DARIA CONIVG. M. 25. *Octob.*

(384) Saint Crépin et saint Crépinien. = SS. CRESPIN' ET CRESPINIANVS. M. M. 25. *Octob.*

(385) Saint Evariste, pape. = S. EVARISTVS PAP. ET M. 26 *Octob.*

(386) Saint Frumence, évêque. = S. FRVMENTI' EPVS. 27. *Octob.*

(387) Saint Simon et saint Jude, apôtres. = SS. SIMON ET IVDAS APOS. 28. OCTO.

(388) Saint Narcisse. = S. NARCISS' EPISC. 29. OCTO.

(389) Saint Marcel. = S. MARCE[LLVS] MART. 30. OCT.

(390) Saint Quentin. = S. QVINCTI[N]'. MAR. 31 OCTO.

Images se rapportant au mois de novembre.

(391) Saint Benigne. On lit dans les angles des ovales : S. BENIGNV[S] MAR. 1. NOVE.

(392) La fête de tous les Saints. = FESTVM DIV SANCT. 1. NOVE.

(393) La commémoration des morts. = COMMEMO^{mo} FIDELIV. DEFV. 2. NOVR.

(394) Saint Hubert. = S. HVBERT' EPISC. 3. NOVR.

(395) Saint Emeri, fils du roi de Hongrie. = S. EMERICVS HVNGARIÆ REX 4. *Noue.*

(396) Saint Charles Borromée. = S. CAROLVS BORROMEVS. 4. *Noue.*

(397) Saint Vital et saint Agricole. = SS. VITALIS M. ET AGRICOLA M. 4. *Noue.*

(398) Saint Zacharie et sainte Elisabeth. = SS. ZACHARIAS ET ELIZABET^{H} 5. *Noue.*

(399) Saint Philotée et saint Théotime. = SS PHILOTHEV^{S} M. ET THEOTIM' M. 5. *Noue.*

(400) Saint Léonard. = S. LEONARDVS CONF 6. *Noue.*

(401) Saint Florent. = S. FLORENTIVS EPVS. 7. *Noue.*

(402) Saint Godefroi, évêque. = S. GODEFRIDVS EPVS. 8. *Noue.*

(403) Saint Castorie. = S. CASTORIVS. MAR. 8. *Noue.*

(404) Saint Carpophore, ou les Quatre saints couronnés. = S. CARPOPHORV^{S} EX 4 CORONATIS 8. *Noue.*

(405) La commémoration de N. S. Jésus-Christ. = COMEMO-RATIO IMAGINIS CHRISTI 9. *Noue.*

(406) Saint Théodore. = S. THEODORVS. MART. 9. *Noue.*

(407) Saint Martin, archevêque. = S. MARTI^{N}' EPISC. 10 NOVE.

(408) Saint Triphon et ses compagnons. = S. TRYPH^{ON} ET SOCII MM 11. NOVE.

(409) Saint René, évêque. = S. RENA^{TVS} EPISC. 12. NOVE.

(410) Saint Didace. = SANC. DIDACVS 12. NOVE.

(411) Saint Brice et saint Emilien. = SS. BRITIVS EP' ET EMI-LIANVS 13. *Noue.*

(412) Saint Serapion. = S. SERAPION MART. 14. *Noue.*

(413) Saint Eugène. = S. EVGENIVS EPVS ET M. 15. *Noue.*

(414) Saint Edmond, évêque. = S. EDMVNDVS EPVS. 16. *Noue.*

(415) Saint Grégoire, taumaturge. = S. GREGOR TAVMAT. 17. NOVE.

(416) Saint Romain et saint Barulla. = SS. ROMAN' ET BARVLLA M. M. 18. NOVE.

(417) Dédicace des églises de saint Pierre et saint Paul. = DEDICATIO BASILICÆ SS. PETRI E^{T} PAVLI. 18. NOVE.

(418) Sainte Elisabeth, reine de Hongrie. = S. ELISABET^{H} HVNG. REGINA 19. NOVE.

(419) Saint Edmond, roi d'Angleterre. = EDMVNDV' R. ANGLIÆ MAR. 20 NOVE.

(420) La présentation de la vierge Marie au temple : Elle en monte les degrés. = PRÆSENTA^{O} B. MARIÆ IN TEM 21. NOVE.

(421) Saint Colomban. = S. COLVMBA^{NVS} ABB. 21. NOVE.

(422) Sainte Cécile. = S. CÆCILIA V. ET M. 22. NOVE.

(423) Saint Clément, pape. = S. CLEMENS PAP. ET M. 23 *Noue.*

(424) Sainte Lucrèce. = S. LVCRETIA VIRG 23. *Noue.*

(425) Saint Chrysogone. = S. CRISOGONV^{S} MART. 24. *Noue.*

(426) Sainte Catherine. = S. C^{H}ATHARINA V. ET M. 25. *Noue.*

(427) Saint Mercure, soldat. = S. MERCVRIVS MILES. 25. *Noue.*

(428) Saint Pierre d'Alexandrie. = S. PETRVS ALEXANDRINVS M. 26 *Noue.*

(429) Saint Conrad. = S. CONRADVS EPVS. 26. *Noue.*

(430) Saint Barlaam et saint Josaphat. = S. BARLAAM ET IOSA PHAT 27. *Noue.*

(431) Saint Livier. = S. LIVERI^{VS} MAR. 28 NOVE.

(432) Saint Saturnin, évêque. = S. SATVR^{NIN}' EPISC. M. 29. NOVE.

(433) Saint Joscion, moine. = S. IOSCION MONAC. 30. NOVE.

(434) Saint André, apôtre. = S. ANDREA^{S} APOST. ET M. 30. NOVE.

Images se rapportant au mois de décembre.

(435) Saint Eloi, évêque. On lit dans les angles des ovales : S. ELIGIV^{S} EPISC. 1. DECE.

(436) Saint Aigri, évêque de Verdun. = S. AGERICV^{S} EPISC. VIRDV. 1. DECE.

(437) Saint Pierre Chrysologue, évêque. = S. PETRVS CRYSOLOGVS EPIS. 2. DECE.

(438) Saint François-Xavier. = S. FRANCIS^{VS} XAVERIVS 2. DECE.

(439) Sainte Bibiène. = S. BIBIANA VIRG. ET M. 2. *Decem.*

(440) Saint Birin. = S. BIRINVS EPVS. 3. *Decem.*

(441) Sainte Barbe. = S. BARBARA VIR. ET M. 4. *Decem.*

(442) Saint Sabas. = S. SABBAS ABB. 5. *Decem.*

(443) Saint Nicolas. = S. NICOLAVS EPISCO. 6. DECE.

(444) Sainte Denise et son fils. = S. DIONISIA CV FILIO 6. DECE.

(445) Saint Agathon. = S. AGATHO MAR. 7. DECE.

(446) La fête de la Conception immaculée de Notre-Dame. = CONCEPTIO GLORIOSÆ M. V. 8. DECE.

(447) Saint Romaric. = S. ROMARICVS ABBAS. 8. *Decem.*

(448) Sainte Léocadie. = S. LEOCADIA VIRG. ET M. 9. *Decem.*

(449) Saint Mène et saint Hermogène. = SS. MENNAS ET HERMOGENES M. M. 10. *Decem.*

(450) Saint Damase, pape. = S DAMASVS PAP. 11. *Decem.*

(451) Saint Maxence et saint Léandre. = S. MAXENTIVS ET LEANDER M. M. 12. *Decem.*

(452) Saint Serge et saint Paul. = S. SERGIVS. PAVLVS 12. *Decem.*

(453) Saint Eustrate et saint Oreste. = SS. EVSTRATIV' ET ORESTES M.M. 13. *Decem.*

(454) Sainte Luce. = S : LVCIA VIR. ET MAR. 13. *Decem.*

(455) Sainte Othilie. = S. OTHILIA VIRG 13. *Decem.*

(456) Saint Nicaise et sainte Eutropie. = S. NICASIVS ET EVTROPIA M.M. 14. *Decem.*

(457) Saint Agnelet. = S. AGNELLVS ABBAS. 14. *Decem.*

(458) Saint Thyrse et saint Callinique. = SS. THYRS' ET CALLINICVS M. M. 14. *Decem.*

(459) Saint Irénée et ses compagnons. = SS. IRENE'. CVM SOCIIS M. M. 15. *Decem.*

(460) Sainte Chrétienne. = SANCTA CHRISTIANA 15. *Decem.*

(461) Saints Ananie, Azarie et Misaël. = SS. ANANIA AZARIA ET MISAEL 16. *Decem.*

(462) Saint Florien et ses compagnons. = S. FLORIANVS CVM SOCIIS M. M. 17. *Decem.*

(463) La fête de l'attente de l'enfantement de Notre-Dame. = EXPECTAO PARTVS DEIPARÆ VIR. 18. DECE.

(464) Saint Nemèse. = S. NEMESIVS MAR. 19. DECE.

(465) Saint Philogone. = S. PHILOGONI' EPISC. 20. DECE.

(466) Saint Thomas, apôtre. = S. THOMAS APOST. 21. DECE.

(467) Saint Flavien. = S. FLAVIANVS MART. 22. *Decem.*

(468) Sainte Victoire. = S. VICTORIA VIRG. ET MAR. 23. *Decem.*

(469) Saint Servule, le paralytique. = S. SERVVLVS PARALITICVS 23. *Decem.*

(470) Sainte Tarsille. = S. THARSILLA VIRG. 24. *Decem.*

(471) La Nativité de N.-S. = NATIVITAS DNI NRI IESV CHRISTI 25. DECE.

(472) Saint Etienne, premier diacre de l'Eglise et premier martyr. = S. STEPHANVS PROTOMAR. 26. DECE.

(473) Saint Jean, apôtre et évangéliste. = S. IOANNES APOS. ET EVAN. 27. DECE.

(474) La fête des saints Innocents. = SS. INOCENTES M. M. 28. DECE.

(475) Saint David, roi et prophète. = S. DAVID REX ET PROPH. 29. *Decem.*

(476) Saint Sabin et saint Venustien. = SS. SABINVS EPVS. ET. VENVSTIANVS. M. M. 30. *Decem.*

(477) Saint Silvestre. = S. SILVESTER PAP. 31. *Decem.*

(478) Sainte Colombe. = S. COLVMBA VIRG. ET M. 31. *Decem.*

IMAGES DES FÊTES MOBILES DE L'ANNÉE.

(479 [1]) Notre Seigneur fait son entrée dans Jérusalem. On lit dans les angles du haut : DIES PALMARV.

(480 [2]) Il fait la cène avec ses disciples. = COENA DOMINI.

(481 [3]) Il est expiré sur la croix. = FERIA PARASCEVES.

(482 [4]) Il ressuscite glorieux. On lit dans l'angle du haut : PASCHA.

(483 [5]) Il est transfiguré sur le Thabor. On lit dans les angles du haut : ASCENSIO DOMINI.

(484 [6]) La descente du saint Esprit sur la Vierge et les Apôtres. = PENTE=COSTES.

(485 [7]) La sainte Vierge est couronnée au ciel. = FESTVM SANCTISSIMÆ TRINITATIS.

(486 [8]) La sainte Hostie brille dans un ostensoire exposé sur un autel ; fête du saint Sacrement de l'autel. = FESTVM CORPORIS CHRISTI.

(487 [9]) Notre-Dame du Rosaire. La Vierge et l'enfant Jésus distribuent des rosaires au peuple chrétien. = FESTVM ROSARII. B. M. V. I DOMINIC OCT.

(488 [10]) La Vierge et l'enfant Jésus apparaissent sur un autel au pied duquel une reine est en prières. Cette pièce rappelle la fête d'une image miraculeuse de la Vierge qui se célèbre le troisième dimanche après la Pentecôte. = FES. IMAGINIS B. M. V. FERIA 3A. POST PENTECOSTĒ.

(489 [11]) La bienheureuse vierge Marie triomphant des démons. = TRIVMPHVS B. M. V. SVPRA DEMONES.

(490 [12]) Réunion des fêtes de la Vierge. Elles garnissent tout l'ovale et forment huit compositions dont une, présentant l'immaculée Conception, occupe le centre ; les autres l'entourent et offrent : l'Annonciation, la Visitation, la Naissance du Sauveur, la Présentation au temple, la Purification, l'Assomption et la réception de la Vierge au ciel. = RECOLECTIO FEST̄ B. M. V. DOMINIC 4 AVG.

On connaît cinq états des planches qui se rapportent aux fêtes mobiles. — Elles se conservent à Nancy dans le cabinet de M. Thiéry :

I. C'est celui que nous venons de détailler ; sur chacune de ces douze compositions on lit au bas de l'ovale, soit dans l'intérieur, soit sur la bordure : *Israel ex*. Cette mention se retrouve dans les deux états qui suivent.

II. On lit dans les angles du bas, à gauche : *Callot* et à droite : *fecit*. Sur le n° 480 le nom du maître a été écrit : *Calloi*. On lit dans les marges, savoir :

Sur le n° 479 [1] : In nomine Iesu, *etc. Au nom de Iesus*, etc.
Sur le n° 480 [2] : Ferebatur, *etc. Il se portoit*, etc.
Sur le n° 481 [3] : Si passio, etc. *Si l'on pense a la mort*, etc.
Sur le n° 482 [4] : Memor esto, etc. *Souuez vous*, etc.

Sur le nº 483 [5] : Qui placidus, *etc. Celuy qui monte*, etc.

Sur le nº 484 [6] : Babtisabit vos, *etc. Il vous babtisera*, etc.

Sur le nº 485 [7] : Inquirere de Trinitate, *etc. Chercher la Trinité*, etc.

Sur le nº 486 [8] : Sic viue vt quotidie, *etc. Vis en sorte que*, etc.

Sur le nº 487 [9] : Quid mirum si inuocata, *etc. Quelle merueille si elle assiste*, etc.

Sur le nº 488 [10] : Dilecta mea posita, *etc. Ma bien aymee*, etc.

Sur le nº 489 [11] : Super aspidem et Basiliscum, etc. *Tu marcheras sur l'Aspic*, etc.

Sur le nº 490 [12] : Quo pacto eius, *etc. Comment la foiblesse des hommes*, etc.

Dans cet état les planches sont toujours entières et les sujets ne sont pas encore chiffrés; mais les épreuves ont paru avec un titre gravé par *Abraham Bosse* et que nous devons décrire :

(491) Ostensoire surmonté d'une croix environnée de rayons et orné aux côtés et au bas de trois chérubins. On lit dans son *soleil :* EVACVATVM EST SCANDALVM CRVCIS, dans un cartouche, vers le bas : *Cum Priuileg. Regis*, et sur le socle : *Israel excudit Parisijs.*

Hauteur : 94 *millim. Largeur :* 49 *millim.*

III. Chaque planche a été coupée en quatre, ce qui a formé douze morceaux chiffrés de 1 à 12 dans le bas des marges, à droite.

Dimensions de chacune des compositions.

Hauteur : 92 *à* 95 *mill. dont* 27 *à* 32 *mill. de marge. Largeur :* 49 *à* 53 *millim.*

IV. Toutes les inscriptions ont été enlevées et même les mots : *Israel ex.* Les bordures ovales ont été teintées à gauche; des *coins*, teintés de tailles horizontales, ont été établis dans les quatre angles, et les marges converties en tablettes, contiennent les inscriptions ci-après, savoir :

Le nº 1 : *LE DIMENCHE DES RAMEAUX*, suivie de sept lignes d'écriture en latin et en français.

Le n° 2 : *LE JEUDY SAINT*, suivie de six lignes d'écriture, *idem*.

Le n° 3 : *LE VENDREDY SAINT*, suivie de six lignes d'écriture, *idem*.

Le n° 4 : *LE JOUR DE PASQUES*, suivie de sept lignes d'écriture, *idem*.

Le n° 5 : *L'ASCENSION DE N. S.*, suivie de cinq lignes d'écriture, *idem*.

Le n° 6 : *LA PENTECOTE*, suivie de six lignes d'écriture, *idem*.

Le n° 7 : *LA TRINITÉ*, suivie de sept lignes d'écriture, *idem*.

Le n° 8 : *LA FESTE-DIEU*, suivie de six lignes d'écriture, *idem*.

Les mots : *I. Callot Inv. et Fecit* se lisent dans le champ de la composition du n° 1, puis dans les marges, ou dans le double trait carré du bas, à gauche des sept autres morceaux.

Les n°s 9, 10, 11 et 12 ne contiennent aucunes inscriptions.

V. Les compositions ont été retouchées de toutes parts. Les inscriptions des huit premiers morceaux ont été respectées. On lit au-dessous des ovales des quatre derniers : *J. Callot* et dans les marges, converties en tablettes, savoir :

N° 9 : *NOTRE DAME AUXILIATRICE*, puis deux lignes de discours, tirées du psaume 86.

N° 10 : *NOTRE DAME DU ROSAIRE*, puis deux lignes de discours, tirées du psaume 29.

N° 11 : *LA REINE DES VIERGES*, puis deux lignes de discours.

N° 12 : Une légende contenant l'explication des huit numéros de renvoi dont sont marquées les huit petites compositions contenues dans l'ovale.

Nota. Ainsi que nous l'avons déjà fait remarquer précédemment, il existe d'autres états que ceux ci-dessus décrits des planches représentant les Saints ou les fêtes mobiles. Nous citerons notamment, pour les Saints, un état où l'on voit, dans les tablettes, les noms des personnages non-seulement pour les deux premiers mois mais pour d'autres encore. Nous ne savons s'il existe des exemplaires complets de ce dernier état, mais nous n'en avons jamais rencontré de tels. Nous ferons la même observation à l'égard d'un état où l'on ne verrait sur aucune pièce l'*excudit* d'Israël.

www.ingramcontent.com/pod-product-compliance
Ingram Content Group UK Ltd.
Pitfield, Milton Keynes, MK11 3LW, UK
UKHW020242180726
13839UKWH00001B/132

9 782329 512990